AF670851

Basiswissen Grundschule

Band 51

Motivierender Anfangsunterricht – Mit den Sachen beginnen

Ein Studienbuch in zwei Teilen

Von

Corina Rohen

Schneider Verlag Hohengehren GmbH

Basiswissen Grundschule

Herausgegeben von:
Band 1 bis 18: Jürgen Bennack
Ab Band 19: Astrid Kaiser
Ab Band 50: Astrid Kaiser und Stine Albers

Die Reihe „Basiswissen Grundschule" ist einem schüler- und handlungsorientierten, offenen Unterricht verpflichtet, der auf die Stärkung einer selbstständigen, sozial verantwortlichen Schülerpersönlichkeit zielt.

Coverfoto: privat

Gedruckt auf umweltfreundlichem Papier (chlor- und säurefrei hergestellt).

Bibliografische Information der Deutschen Nationalbibliothek

Die Deutsche Nationalbibliothek verzeichnet diese Publikation in der Deutschen Nationalbibliografie; detaillierte bibliografische Daten sind im Internet über ›http://dnb.dnb.de‹ abrufbar.

ISBN 978-3-8340-2259-2

Schneider Verlag Hohengehren, Wilhelmstr. 13, 73666 Baltmannsweiler

Homepage: www.paedagogik.de

Das Werk und seine Teile sind urheberrechtlich geschützt. Jede Verwertung in anderen als den gesetzlich zugelassenen Fällen bedarf der vorherigen schriftlichen Einwilligung des Verlages. Hinweis zu § 52 a UrhG: Weder das Werk noch seine Teile dürfen ohne vorherige schriftliche Einwilligung des Verlages öffentlich zugänglich gemacht werden. Dies gilt auch bei einer entsprechenden Nutzung für Unterrichtszwecke!

© Schneider Verlag Hohengehren, 73666 Baltmannsweiler 2024
Printed in Germany – Druck: Format Druck, Stuttgart

Inhaltsverzeichnis

Vorwort der Reihenherausgeberinnen

Das Wort „Anfangsunterricht“ steht für die ersten Schulerfahrungen von Kindern. Anfangsunterricht führt Kinder in Schule ein. Dieser bedeutsamen Phase widmet sich Corina Rohen mit ihrem Buch „Motivierender Anfangsunterricht – Mit den Sachen beginnen. Ein Studienbuch in zwei Teilen“. Der aussagekräftige Titel verweist auf die Annahme, dass Anfangsunterricht für Schulanfänger*innen ansprechend und anregend gestaltet sein soll. Er macht deutlich, dass sich die Auseinandersetzung mit Sachen dafür eignet und bedeutsam ist. Dies ist in der gegenwärtigen Theorie und der alltäglichen Praxis des Schulanfangs deutlich anders. Dort dominieren die Kurse in Schreiben, Lesen und Mathematik. Corina Rohens Verdienst ist es, gründlich die fast schon vergessene theoretische Debatte um sachunterrichtlichen Schulanfang, die vor 50 Jahren noch geführt wurde, wieder aufleben zu lassen.
Weiter zeigt der Titel an, dass das Buch in zwei Teile untergliedert ist. Im ersten Teil stellt sich Corina Rohen dem vielseitigen Diskurs in der Literatur um den Anfangsunterricht im Allgemeinen und dem Sachunterricht im Besonderen. Der zweite Teil ist praxisorientiert ausgerichtet: Corina Rohen lässt uns an ihren Beobachtungen eines Anfangsunterrichts teilhaben und zeigt anschaulich – auch durch Fotos – auf, wie sie mit den Schulanfänger*innen an Sachen herangeht und dazu mit ihnen arbeitet. Damit hat sie eine besondere Art von Praxisbuch kreiert, in dem sie Praxisvorschläge aus der Praxiserprobung heraus entwickelt.
Corina Rohen ist ein theoretisch fundiertes und für (angehende) Grundschullehrer*innen handlungspraktisches Buch gelungen. Es ist dem Buch zu wünschen, dass es in Praxissemester, die Ausbildung der 2. Phase und auch in Grundschulen Eingang findet.

Ludwigsburg, Dezember 2023
Im Namen der Mitherausgeberin
Stine Albers

Vorwort der Autorin

Sachunterricht nimmt oft eine Nachrangstellung im Anfangsunterricht ein. Doch wenn ausschließlich an klassischen Kulturtechniken festgehalten wird, werden kostbare Lernchancen vertan. Im Übergang von der KiTa zur Grundschule sind Kinder an Phänomenen ihrer Lebenswelt interessiert, haben eigene Vorstellungen von *Sachen* und viele Fragen an die Welt.
Das vorliegende Buch diskutiert, wie Sachthemen Ausgangspunkte von Lernen sein können und wie ein motivierender Sachunterricht gestaltet sein muss, der an Erfahrungen, Erlebnissen und Interessen von Schüler:innen anknüpft und diese weiterentwickelt.
Nach einem umfassenden Überblick über konzeptionelle Entwicklungen und didaktische Kriterien im ersten Teil wird im zweiten Teil des Buches anhand einer einjährigen Praxiserprobung verdeutlicht, wie ein handlungs- und kommunikationsorientierter Sachunterricht bereichernd für den Anfangsunterricht der Grundschule sein kann.

Ich bedanke mich bei Christine Boyer, die mir erneut die Gelegenheit gab, mit ihrer Klasse zu arbeiten und die ich sehr dafür schätze, dass sie niemals den Blick für das einzelne Kind verliert. Ihre Wertschätzung den Kindern gegenüber und ihre Offenheit, immer Neues auszuprobieren, ermöglichte den Schüler:innen ein fröhliches erstes Schuljahr, in dessen Verlauf sie sich einbringen und ihre Persönlichkeit entwickeln konnten.
Vielen Dank auch allen Kindern der 1. Klasse, die an Begeisterungsfähigkeit kaum zu überbieten waren und die sich gern herausfordern ließen.
Für die Möglichkeit, ein ganzes Jahr an dieser Schule unterrichten zu dürfen, bedanke ich mich bei der Bremer Grundschule in der Freiligrathstraße.
Mein Dank gilt auch Meike Wulfmeyer, die die Inhalte dieses Buches geduldig und kritisch mit mir diskutiert hat.
Stine Albers danke ich für die Verfassung des Vorwortes.
Und schließlich gilt mein besonderer Dank Astrid Kaiser. Ich beschäftige mich schon seit vielen Jahren mit dem Anfangsunterricht und bin mit ihrer Literatur vertraut. Beim intensiven Eintauchen in die Thematik wurde mir noch einmal bewusst, welchen großen Beitrag sowohl Astrid Kaiser als auch bereits seit den 1950er Jahren Ilse Lichtenstein-Rother mit ihren Ansätzen zu einem sachunterrichtlichen Schulanfang leisteten.
Auf meine Frage, ob wir ein Buch zum Sachunterricht im Anfangsunterricht gemeinsam verfassen sollten, da ich ihre Ansätze nicht einfach übernehmen wollte, ermutigte Astrid Kaiser mich, ihre und die Gedanken von Ilse-Lichtenstein-Rother weiterzudenken und schrieb:

„Liebe Corina,
das freut mich sehr, dass du so viel von mir zu der Thematik entdeckt hast. Die scientific community kommt immer nur durch Aufbau auf dem Alten weiter. Ich habe ja auch viel von Lichtenstein-Rother gelernt."

Ich hoffe, liebe Astrid, diese Entwicklung ist in deinem Sinne gelungen!

Bremen, Dezember 2023
Corina Rohen

I Theoretische Überlegungen

Einführung

„Naja, da erfährt man was über die Welt so und eigentlich wie Forscher. Aber so ganz genau nicht. Man lernt auch viel über die Natur so. Über die Tiere, was sie fressen.“

Die obige Vorstellung einer Erstklässlerin zum Sachunterricht verdeutlicht ihre großen Erwartungen, dass es im Sachunterricht um Weltverstehen geht, um domänenspezifisches Wissen, aber auch um die Beantwortung konkreter Fragen. Was wäre, wenn ihre Vorstellungen enttäuscht würden? Was wäre, wenn der Sachunterricht im Anfangsunterricht gar nicht stattfände, weil Rechnen, Lesen und Schreiben an erster Stelle stehen? Was wäre, wenn es gar nicht um Entdecken und Forschen ginge, wie es vermutlich nicht selten Alltag in den ersten Klassen ist? Trotz der Tatsache, dass er ein Kernfach der Grundschule ist, spielt der Sachunterricht noch zu häufig eine untergeordnete Rolle.
1992 hat Astrid Kaiser in ihrem Beitrag mit dem Titel **„Mit den Sachen beginnen - Ein Plädoyer für einen handlungsorientierten Anfangsunterricht“** ein Plädoyer gegen die „Unterordnung von Sachunterricht unter die Kulturtechnikenvermittlung“ (ebd., S. 62) verfasst. Im Artikel heißt es: „Kinder kommen mit vielen Fragen in die Schule und wollen die Auseinandersetzung mit ihrer Lebenswelt, die sie selbst längst begonnen haben, hier fortsetzen. Diese Neugier sollte durch formalisierte Kurse in Kulturtechniken, die häufig an den thematischen Fragen der Kinder vorbeigehen, nicht enttäuscht werden. **Vielmehr sollten am Anfang der Schule konsequent „die Sachen“ im Mittelpunkt stehen.“** (ebd., Titelei). Auch Lichtenstein-Rother ist bereits 1969 der Ansicht: „Im Zentrum des Anfangsunterrichts steht nicht mehr das Erlernen der „Kulturtechniken“, die Übermittlung formeller Fertigkeiten, sondern die harmonische Ausbildung aller Geisteskräfte auf Grund eines sachkundlichen Anfangsunterrichts; der Lese- und Schreibunterricht beginnt frühestens im zweiten Halbjahr des ersten Schuljahres“ (ebd. S. 111f.). **Die *Sachen* sollen also ins Zentrum des Anfangsunterrichts gerückt werden, nicht die klassischen Kulturtechniken.**
Ilse Lichtenstein-Rother und Astrid Kaiser haben bereits in ihren frühen Arbeiten argumentiert, wie guter Sachunterricht im Anfangsunterricht gelingen kann. In den theoretischen Überlegungen sollen daher die von beiden Autorinnen dargestellten Prinzipien für einen „sachunterrichtlichen Schulanfang“ (Kaiser 2008a, S. 156) aufgenommen, weitergeführt und in der Schulpraxis einer ersten Klasse ein vollständiges Schuljahr lang erprobt werden, um damit eine Argumentationsgrundlage zu liefern, die auch die obigen Erwartungen der Erstklässlerin zum Sachunterricht aufgreift.

1. Anfangsunterricht

1.1 Der Übergang zum Anfangsunterricht

Der Begriff „Übergang" heißt zunächst „überqueren", „überschreiten", „hinübergehen". Ich kann eine Straße, einen Weg, einen Fluss oder eine Brücke überqueren. Im Zusammenhang mit Leben kann auch der Übergang vom Leben zum Tod gemeint sein, aber auch Entwicklungsphasen des Kindes wie z.B. der Übergang zum Laufen oder der Übergang zum Spracherwerb. Übergänge können auch in kulturellen Kontexten eine Rolle spielen. Feste und Feiern im Jahres- oder Lebenslauf stellen Übergänge im Leben eines Menschen dar. Im Zusammenhang mit Bildungsinstitutionen taucht der Begriff *Übergang* im schulischen Bereich auf, wie z.B. vom Kindergarten in die Grundschule oder von der Grundschule in die weiterführende Schule, wobei der Übergang vom Kindergarten in die Schule als einer der bedeutendsten angesehen wird. Beginnend mit der Einschulung, deren Bedeutsamkeit durch große Einschulungsfeiern erheblich erhöht wird, folgen andere, neue Strukturen. Es gibt andere Zeiteinteilungen, Leistungsanforderungen, soziale Gefüge (vgl. Däschler-Seiler 2004, S. 15 ff.). Carle (2004) spricht im Zusammenhang mit institutionellen Bildungsübergängen vom „Ausdruck einer autopoetisch motivierten, durchaus sozial und individuell inszenierten Entwicklungsrhythmik im Lebenslauf. Übergängen kommt eine Mittlerfunktion zwischen der zurückliegenden und der noch ungewissen zukünftigen Lebensphase zu" (ebd., S. 30). Carle (2004) weist auch darauf hin, dass sich in Bildungsübergängen Potenziale mit Risiken verbinden, da sie sowohl zu einem Entwicklungsvorsprung als auch zu Rückschritten in der Entwicklung führen können (vgl. ebd., S. 30): „Am Übergang in Bildungsinstitutionen treten die Kinder ins Rampenlicht der schulischen Bewertungskriterien. Es verwundert also nicht, wenn dem Wechsel eine potenziell risikoreiche Wirkung auf die individuelle Entwicklung von Kindern zugesprochen wird" (ebd., S. 31). Daher gibt es immer wieder Ansätze oder Modellversuche für einen gelungenen Übergang wie z.B. mit dem Projekt "Frühes Lernen - Kindergarten und Grundschule kooperieren", zur Verzahnung des Elementar- und Primarbereichs (vgl. Carle & Samuel 2008) oder lokale Projekte wie die Zusammenarbeit eines Kindergartens mit einer Werkstattschule in Rostock (vgl. Dienemann 2011).

Kindergärten und Grundschulen stellen in der Regel noch immer zwei getrennte Bildungsbereiche dar. Seit einiger Zeit erfolgt in einigen Bundesländern eine Annäherung in Form gemeinsamer anschlussfähiger Bildungspläne, z.B. in Nordrhein-Westfalen, der 0-10 Jahre umfasst (Ministerium für Kinder, Familie, Flüchtlinge und Integration des Landes Nordrhein-Westfalen/ Ministerium für Schule und Bildung des Landes Nordrhein-Westfalen 2018) oder auch der neue Rahmenplan 0-10 Jahren in Bremen, für den bereits die pädagogischen Leitlinien veröffentlicht wurden (Die Senatorin für Kindheit und Bildung/Freie Hansestadt Bremen 2018). Eine weitere strukturelle Verzahnung stellen verschiedene Kooperationsformen dar, wie gemeinsame Treffen von Kita- und

Schulleitungen durch wechselseitigen Austausch, durch gegenseitige Besuche von Erzieher:innen in der Schule und/oder Lehrkräften in Krippen und KiTas. Besuche von Kindergartengruppen in den Schulen, gemeinsame Feste und Fortbildungen, die allesamt den Übergang erleichtern sollen. Es ist allerdings wenig erforscht, wie erfolgreich solche Kooperationsformen sind bzw. wie häufig sie durchgeführt werden (vgl. Faust & Roßbach 2004, S. 91ff.). Geene & Borkowski (2009) sehen unterschiedliche Faktoren, die die gemeinsame Arbeit zwischen Kindergarten und Schule erschweren. So mangele es beispielsweise an der Kommunikation beider Berufsgruppen, die jedoch eine zentrale Voraussetzung zur Entwicklung eines Verständnisses für spezifische Besonderheiten sowie zur Entwicklung von Interesse und Wertschätzung gegenüber der jeweilig anderen Institution seien. Auch berufsständische Konflikte in Form eines Hierarchiegefälles verhinderten einen Austausch. Erzieher:innen würden i.d.R. an Fachschulen ausgebildet, Lehrkräfte an Universitäten. Sowohl die Bezahlungen als auch die Außenwahrnehmung bzw. die Selbstwahrnehmung in beiden Berufsgruppen sei dadurch unterschiedlich (vgl. ebd., S. 156ff.). Notwendig sei, „ein am Kind einheitliches orientiertes Bildungssystem zu entwickeln, in welchem beide Professionen gleichwertige Partner darstellen und die Heterogenität der Kinder und ihrer Familien Berücksichtigung finden" (ebd., S. 165).
Ein Beschreibungsmodell zum Übergang ist „die Ökologie der menschlichen Entwicklung" von Bronfenbrenner (1981): „Die Bedeutung ökologischer Übergänge für die Entwicklung entsteht daraus, daß [sic!] sie fast immer eine Veränderung der Rolle mit sich bringen" (ebd.). In seinem systemischen Ansatz wird deutlich, dass alle beteiligten Akteur:innen, Institutionen, Bedingungen usw. Einfluss aufeinander haben und damit das System ändern können: Der Entwicklungsschritt einer Person kann demzufolge einen Entwicklungsschritt einer anderen Person nach sich ziehen kann, verglichen mit der Frage nach der Auswirkung eines Schmetterlingsflügelschlags auf einem anderen Kontinent (vgl. Carle & Samuel 2008, S. 15; vgl. Denner & Schumacher 2014, S. 41ff.). Änderungen im Gefüge beeinflussen also das Gesamtsystem, daher brauche ein Kind im Übergang Menschen, die es begleiten (vgl. Carle & Samuel 2008, S. 16). Nickel & Schmidt-Denter (1995) schreiben, dass Übergänge „in zweifacher Hinsicht als Weichenstellung betrachtet werden [können]: Einerseits können durch die Konfrontation mit neuen Lebensbedingungen bereits vorhandene Entwicklungsimpulse gefördert und neue geweckt werden. […] Andererseits kann auch eine krisenhafte Entwicklung ausgelöst werden mit all ihren negativen Konsequenzen" (ebd., S. 225).

1.2 Zeitlicher Rahmen des Anfangsunterrichts

Der Zeitraum, mit dem der Anfangsunterricht eingegrenzt wird, ist nicht eindeutig. Nach Kaiser (1992) kann der Anfangsunterricht den ersten Schultag, die erste Woche oder das erste Schuljahr umfassen (vgl. ebd., S. 63). In dem von Lichtenstein-Rother (1969) veröffentlichten Werk *Schulanfang* weist der Untertitel des Buches darauf hin, dass die beiden ersten beiden Schuljahre angesprochen werden (vgl. ebd., Titelei).

Martschinke (2009) bezeichnet den Zeitraum des Schulanfangs als „[...] die ersten Tage, Wochen oder Monate der Schulanfangsphase, tw. aber auch das erste Schuljahr oder sogar die ersten beiden Schuljahre“ (Martschinke 2009, S. 400). Für Carle (2008) umfasst der Anfangsunterricht einen Zeitraum von mehreren Monaten bis zu zwei Jahren, in reformpädagogischer Tradition umfasse der Anfangsunterricht allerdings meist den Unterricht des ersten Schuljahres (vgl. ebd., S. 6). Meiers (1997) legt sich nicht fest, ob der Zeitraum des Anfangsunterrichts ein oder zwei Jahre dauere (vgl. ebd., S. 158) und Gläser (2007) spricht wiederum von den ersten beiden Klassenstufen (vgl. ebd. S. 7). Reinhoffer (2000) spricht vom Zeitraum nach der Einschulung, ohne klare zeitliche Begrenzung, legt aber für seine Forschungsarbeit den Zeitraum der ersten beiden Schuljahre fest und bezieht sich dabei auf die Definition des baden-württembergischen Bildungsplans von 1994, der Anfangsunterricht als Unterricht der ersten beiden Klassenstufen versteht (vgl. ebd., S. 42).
Insofern ist festzuhalten, dass die zeitliche Eingrenzung des Anfangsunterrichts indifferent bleibt, häufig aber Konsens ist, dass er bis zu zwei Jahre umfassen kann.

1.3 Was ist Anfangsunterricht?

Reinhoffer (2000) bezeichnet den Anfangsunterricht als Unterricht nach der Einschulung, als den „Wechsel des Kindes von der Familie oder der vorschulischen Einrichtung in die systematischer arbeitende und strukturierter organisierte Grundschule“ (ebd., S. 42).
Gläser (2007) betont, dass zwischen den Begriffen Schulanfang, Erstunterricht oder Anfangsunterricht in der Regel nicht unterschieden werde, sondern diese synonym verwendet würden und daher kein einheitlicher Sprachgebrauch vorherrsche. Grundsätzlich gilt, dass mit der „Beginnphase der Grundschule“ zum einen der institutionelle schulische Anfang umschrieben und zum anderen das Spezifische dieser Bildungszeit betont wird (vgl. ebd., S. 48). Auch Carle (2008) beschreibt, dass der Anfangsunterricht gelegentlich synonym zu Schulanfang und Erstunterricht genutzt werde (vgl. ebd., S. 6).
Ilse Lichtenstein-Rother (1969) verwendet für den Sachunterricht im Anfangsunterricht den Begriff des *sachunterrichtlichen Anschauungsunterrichts* (vgl. ebd., S. 111f.), wobei der Begriff Sachunterricht für die damalige Zeit recht fortschrittlich war. Kaiser (2004a) distanziert sich allerdings von Lichtenstein-Rothers (1969) Vorstellung, den Sachunterricht nur als einen Bereich des Gesamtunterrichts zu sehen, (vgl. ebd., S. 152) und nicht als didaktisches Zentrum des Anfangsunterrichts (vgl. ebd., S. 232f.). Kaiser (2004a) spricht daher vom sachunterrichtlichen Schulanfang. Im Zusammenhang mit einer „Schule für Lernbehinderte [sic!]“ nutzt Huber (1989) den Begriff Erstsachunterricht und bezieht sich dabei auf eine Arbeit von Merzbacher (1983), nach der es um einen grundlegenden Sachunterricht der ersten beiden Lernstufen sowie darum gehe, dass sachkundliche [sic!] Fächer besser geeignet seien, „den bedrückenden Erfahrungen der Lernbehinderten [sic!] im Lauf der jeweiligen Lerngeschichte wirksam zu begegnen als die klassischen „Versagerfächer“

Deutsch und Mathematik“ (ebd., S. 141). Huber (1989) konstatiert: “Wir verwenden den Begriff *Erstsachunterricht* in allgemeinster Weise für alle historischen oder neueren Konzeptionen eines Unterrichts auf der Unter- und Eingangsstufe der Schule für Lernbehinderte [sic!], der die Auseinandersetzung des Schülers [sic!] mit „Sachen“ in den Mittelpunkt seiner Bemühungen stellt“ (ebd., S. 7). Huber (1989) führt des Weiteren aus, dass dem Erstsachunterricht die Aufgabe einer grundlegenden Lern- und Entwicklungsförderung zukomme (vgl. ebd., S. 109). Der Erstsachunterricht sei Übergangshilfe zum schulischen Lernen: „Die Gestaltung des Unterrichts und des Schullebens kann zweifellos wichtigen Einfluß [sic!] darauf nehmen, ob Kinder die Schule freudig annehmen, oder ob sie die Schule angstvoll ablehnen oder aggressiv abwehren, weil sie für die Kinder lebensfremd und bedrohend ist und bleibt“ (ebd., S. 258). Erstsachunterricht könne das Kind jedoch unterstützen, indem es an der direkten Lebenswelt der Kinder orientiert sei (vgl. ebd.).

2. Anfangsunterricht im Spiegel der konzeptionellen Entwicklung des Sachunterrichts

Der Sachunterricht hat eine wechselvolle Geschichte und generiert sich aus unterschiedlichen konzeptionellen Richtungen, die nicht systematisch aufeinander aufbauen, sondern z.T. unabhängige Strömungen beinhalten. Das macht eine systematische Übersicht schwierig, aber nicht unmöglich. Im Folgenden sollen daher ausgewählte historische Abschnitte, die die Konzeptionen des sachunterrichtlichen Anfangsunterrichts maßgeblich beeinflusst haben, einbezogen werden.

Kaiser (2019) beschreibt, der Sachunterricht setze sich „aus vielen älteren und neueren Bauteilen zusammen […]“ (ebd., S. 5), er habe z.B. noch Ansätze des Anschauungsunterrichts des 19. Jahrhunderts. In ihrem Lehrwerk „Neue Einführung in die Didaktik des Sachunterrichts“ (2019) gibt Kaiser einen Überblick über die historische Entwicklung des Sachunterrichts (vgl. ebd., S. 20ff.) und unterscheidet dabei mehrere Epochen (s. a. Kahlert (2005), Richter (2009), Thomas (2009)).

Der Beginn des Sachunterrichts ist auf die Epoche des Realienunterrichts zurückzuführen, dessen Vertreter u.a. Johann Amos Comenius (1592-1670) war, der in seinem bekannten Werk *Orbis sensualium pictus* (etwa: Die sichtbare Welt) mit Hilfe detailreicher Abbildungen Dinge der Welt veranschaulicht. Der Realienunterricht war der Beginn, die Sachen für Kinder konkreter und vorstellbarer zu machen. Realien (von realis = sachlich, wesentlich) sind ältere Bezeichnungen für Bildungsinhalte bzw. Unterrichtsfächer (vgl. Schwier 2008, S. 168). In diesem Lehrwerk wird korrespondierend zu einem Bild eine Sache, ein Lebewesen, ein Phänomen benannt und erläutert, sodass Sachwissen mit Sprachwissen verbunden wird (vgl. Thomas 2009, S. 14). Thomas (2009) verdeutlicht, „das wichtige Unterrichtsprinzip der Anschauung ist auf dieses Unterrichtswerk zurückzuführen“ (ebd., S. 14). Comenius hat damit eine Art Bilderbuch geschaffen, das auch Kindern zugänglich war, die noch nicht über Lesefähigkeiten verfügten. *Orbis sensualium pictus* ist inzwischen in unterschiedlichen Versionen in digitaler Form verfügbar (z.B. digitale

Bibliothek der Bayerischen Staatsbibliothek o.J.), sodass sich das Prinzip nachvollziehen lässt.
Ein zweiter Entwicklungsabschnitt des Sachunterrichts umfasst die Epoche des Anschauungsunterrichts im 19. Jahrhundert (vgl. Kaiser 2019, S. 30ff.). Zentraler Vertreter und Begründer der Anschauungspädagogik war z.B. Johann Heinrich Pestalozzi (1746-1827), der mit seinem Ansatz einen zentralen Durchbruch in der Pädagogik erzielte. Ein zentrales und noch heute viel zitiertes Prinzip lautet, dass Lernen grundsätzlich mit ‚Kopf, Herz und Hand' stattfindet: „Noch immer dient die Forderung nach einer Gleichgewichtung der intellektuellen, sittlichen und physischen Grundkräfte u.a. dem Begründungszusammenhang von handlungsorientiertem Lernen", da die Hand im weitesten Sinne als Symbol für praktisches und selbstbestimmte Handeln steht (vgl. Wulfmeyer 2004, S. 68). Als Anschauungsmittel standen wenige Lernmittel zur Verfügung wie z.B. Sandkästen, um geografische Inhalte zu veranschaulichen (Kaiser 2019, S. 30). Anschauung wurde unterschiedlich und nicht nur im Sinne Pestalozzis umgesetzt. Eine Vorstellung von Anschauung war auch - wie Kaiser (2019) beschreibt – dass die Lehrkraft im Anschluss eines Vortrags über die Kuh eine Zeichnung aufhängte und die Kinder möglichst viele der Körperteile, die von der Lehrkraft mit dem Zeigerstock angetippt wurden, aufzusagen lernten (vgl. ebd., S. 5). Zentrales Merkmal waren somit eine visuelle Denkförderung, „durch Bilder sollten die Vorstellungen der Lernenden konkreter werden" (ebd., S. 30). Mitte des 19. Jahrhunderts erfolgte eine Weiterentwicklung des Anschauungsunterrichts vor allem durch demokratisch geprägte Pädagogen wie Friedrich August Finger (1808-1888) und Christian Wilhelm Harnisch (1787-1864), wobei letzterer auch als „Vater der Heimatkunde" betitelt wird, da ihm zugesprochen wird, den Begriff Heimatkunde durch sein dreiteiliges Unterrichtswerk „Kunde der Heimath" [sic!], „Kunde der Erde" und „Kunde des Vaterlandes" geprägt zu haben (vgl. Mitzlaff 2004a, S. 85; vgl. Thomas 2009, S. 16). Harnisch legte einen Ansatz vor, das den Namen „Heimathskunde" trug, Inhalte wurden unter „Weltkunde" zusammengefasst: „Die eigentliche Geburtsstunde des heutigen Sachunterrichts als integriertem Fach" (Kaiser 2019, S. 31).
Wenngleich das Prinzip der Anschauung unterschiedlich umgesetzt und weiterentwickelt wurde, gab es deutlich progressive Ansätze wie z.B. Überlegungen zur Bedeutsamkeit des Handelns bei Pestalozzi (s.o.) oder die Orientierung an den konkreten Interessen der Kinder bei Finger (s.u.).
Fröbel (1982-1852) hingegen ermöglichte einen Unterricht, in dem Erkunden und Erleben einer „Sache" ermöglicht wurde. Dieser Unterricht kann nach Kaiser (2019, S. 32) als „Keimzelle für wissenschaftlichen Sachunterricht angesehen werden".
Bisher finden sich Ansätze, die in späteren Konzeptionen für den Anfangsunterricht aufgenommen wurden, z.B. von Ilse Lichtenstein-Rother, (1969), die die pädagogischen Reformen des Anfangsunterrichts zum Anlass nimmt, um einen *sachkundlichen Anschauungsunterricht* im Zentrum des Anfangsunterrichts zu sehen. Sie zieht dazu drei Überlegungen heran: Erstens sieht sie einen Gesamtunterricht, der das beziehungslose Nebeneinander der Einzelfächer überwindet; zweitens geht es um eine „Pädagogik vom Kinde aus", sodass im Zentrum des Anfangsunterrichts nicht das Erlernen der klassischen Kulturtechniken steht, sondern „die

harmonische Ausbildung aller Geisteskräfte auf Grund eines sachkundlichen Anschauungsunterrichts" (ebd., S. 111f.). Der Lese- und Schreibunterricht soll nach Lichtenstein-Rother frühestens im zweiten Halbjahr des ersten Schuljahres einsetzen (vgl. ebd.). Drittens sieht sie dadurch den Anfangsunterricht für alles Folgende, was die Bedeutsamkeit und Verantwortung für den weiteren Schulverlauf verdeutlicht (vgl. ebd.). Als Aufgabe des Sachunterrichts sieht Lichtenstein-Rother (1969) den Sachunterricht als einen Bereich des Gesamtunterrichts, er sei „der sachliche Kern der Bildungsarbeit des Anfangsunterrichts" (ebd., S. 152). Sie fordert: „Gegenstand des Unterrichts ist das dem Kinde Nahe und Vertraute" und „[d]er Sachunterricht muß [sic!] den Kindern helfen, die Gegebenheiten und Geschehnisse ihrer Umwelt auch objektiv zu erfassen" (ebd., S. 153). Hier gibt es einen Bezug zur Heimatkunde, der oben bereits erwähnt wurde: Heimatkunde oder heimatkundlicher Anschauungsunterricht bedeutete, dass Unterrichtskonzepte vorrangig den Nahraum wie die eigene Schule oder den eigenen Wohnort in den Blick nahmen: „Die Heimatkunde gilt als erst lokale und provinzbezogene Stufe der Weltkunde" (Mitzlaff 2004b, S. 76). Friedrich August Finger (1808-1888) nutzte später das Konzept der konzentrischen Kreise, die „in Anlehnung an die Erdkunde die Schüler [sic!] im allmählichen Fortschreiten vom Nahen zum Fernen führt" (Thomas 2009, S. 16; vgl. Mitzlaff 2004a). Zentrale Methode war der „peripatetische Unterricht" (abgeleitet von peripatein = umherwandeln), Ziel war die unmittelbare Anschauung der Dinge wie z.B. einen Schulgarten, in der sich Lernanlässe ergaben. Interessant sind auch die Orientierung an den „Kinderinteressen", die Finger in einer Situation beschreibt, in der er sich mit den Schüler:innen auf eine Wanderung begibt und die Kinder Unterschiedliches entdecken wie z.B. ein Tier oder eine Tätigkeit, die von jemanden ausgeführt wird. An einem Bach angekommen, ergibt sich die Kinderfrage, in welche Richtung das Wasser fließen würde, sodass sich eine weitere Lerngelegenheit ergibt und durch Beobachtung und Versuch die Strömungsrichtung festgestellt wird (vgl. Mitzlaff 2004a, S. 88). Eine Dokumentation der Ergebnisse der Exkursionen erfolgte je nach Lernalter zeichnerisch oder schriftlich in relativ freier Form in einem Heimatkundeheft. Anders als andere Vertreter:innen der Anschauungspädagogik lehnte Finger vorgefertigte Anschauungsbilder oder Bücher ab (vgl. ebd.).

Lichtenstein-Rother (1969) sieht die Aufgabe des Sachunterrichts darin, „Erfahrungen und Erlebnisse zu vermitteln und die Kinder zu einer ersten Klärung und Ordnung dieser Erfahrungen zu führen, sie dabei in den Ausdrucksmöglichkeiten zu fördern und sachgemäße Darstellungsformen anzubahnen" (ebd.). Auch verschiedene Unterrichtsverfahren seien notwendig, um unterschiedliche Zugänge für Kinder zu ermöglichen. Es gehe dabei nicht darum, einen Gegenstand anzuschauen, sondern er solle „aufgesucht oder ins Klassenzimmer geholt werden", sinnlich erfasst sowie „geistig ertragreich" verarbeitet werden. Dazu sei eine Vielfalt des Tuns notwendig (vgl. ebd., S. 158). Die Thematisierung von Unterrichtsgegenständen in Klassengesprächen böten wiederum Sprachanlässe, die den Unterricht sachlich und sprachlich weiterbrächten (vgl. ebd., S. 164ff.). Auch hier ergibt sich wieder ein Bezug zu den Konzeptionen von Friedrich August Finger. Weiterhin gibt es Bezüge zum

historischen Gesamtunterricht: Der Reformpädagoge und gleichzeitig bekannteste Vertreter des sogenannten Gesamtunterrichts war Berthold Otto (1859-1933), der einen kindorientierten Ansatz entwickelte, bei dem die Orientierung an Kinderfragen zentral war (vgl. Brülls 2004).
Feige (2007) stellt jedoch dar, dass es zwei Ursprünge für den Gesamtunterricht gebe, nämlich den von Berthold Otto und den des Leipziger Lehrervereins. Er findet es jedoch nicht hilfreich, letzteren Zweig als Konzentrationsunterricht zu bezeichnen, da der Leipziger Lehrerverein diesen Begriff selbst nicht nutzte, sondern den Begriff ‚Gesamtunterricht' verwendete. Interessant sei auch, dass eben dieser Lehrerverein [sic!] die Bezeichnung ‚Sachunterricht' für seinen Gesamtunterricht nutzte und das bereits 50 Jahre vor Ilse Lichtenstein-Rother (vgl. ebd., S. 31f.).
Auch Kaiser (2019) beschreibt, dass es viele verschiedene Vorstellungen zum Gesamtunterricht gab und dass nicht Erkenntnisvertiefung im Vordergrund stand, sondern das Zusammenpassen des Unterrichtstoffes in allen Fächern (vgl. ebd., S. 48). Mit dem Inhalt „Vom Korn zum Brot", nennt Brülls (2004) ein Beispiel, in dem im Deutschunterricht Backanleitungen geschrieben, im Mathematikunterricht Brötchen gerechnet und im Musikunterricht Lieder zum Backen gesungen wurden (vgl. Brülls 2004, S. 106).
Eine weitere Epoche des Sachunterrichts erfolgte zu Beginn der 70er Jahre durch die Erweiterung des fachinhaltlichen Spektrums, was allerdings zu einer fachlichen Überfrachtung führte und die einzelfachliche Umsetzung von Inhalten zur Folge hatte. Sachunterricht fand dadurch nicht statt, da es sich um fachpropädeutische Minifächer handelte, die unterrichtet wurden. Dies löste eine neue Problematik aus, „denn einerseits wurde versucht, die Welt weiter zu sehen als über den bloßen Dorfhorizont hinaus. Andererseits wurde die Welt in Bereiche zerstückelt, obgleich das Weltverstehen in ihrer Ganzheit und ihrem Zusammenwirken angestrebt wurde" (Kaiser 2019, S. 58). Als Folge verbreiteten sich Ansätze von Vernetzung in der Sachunterrichtsdidaktik, um genau diesem einzelfachlichen Ansatz entgegenzuwirken. Trotz allem zeigte sich auch in dieser Weiterentwicklung noch Reste des Heimatunterrichts, z.B. in Form von Kindertümeleien oder Anthropomorphismen.
Seit den 60er Jahren des letzten Jahrhunderts entwickelte sich die Heimatkunde nun immer deutlicher zum Sachunterricht, Lichtenstein-Rother spricht von ‚elementarer Weltkunde' und drückt damit aus, dass eine Ablösung von Themen der Heimatkunde in Richtung „Phänomene dinglicher und nicht-dinglicher Art" vollzogen wurde (vgl. Kaiser 2019, S. 56).
Einige klassische Konzepte zum Sachunterricht seit den 70er Jahren sollen im Folgenden kurz aufgeführt werden: Frühe wissenschaftsorientierte Ansätze für den Sachunterricht umfassten u.a. einzelfachdidaktische Sachunterrichtskonzepte, den strukturorientierten naturwissenschaftlichen Unterricht und verfahrensorientierte Ansätze. Unklar ist, wie und ob die Ansätze in Richtung Sachunterricht und weg von der Heimatkunde in den Schulen auch so umgesetzt wurden, denn die Umsetzung war sehr individuell und abhängig von den Einstellungen der Lehrkräfte (vgl. Kaiser 2019, S. 69).
Zwei dieser wissenschaftsorientierten Ansätze seien hier benannt:
Infolge des Sputnik-Schocks im Jahre 1957, begannen in den USA umfangreiche Entwicklungen in Richtung einer Notwendigkeit einer

naturwissenschaftlichen Ausbildung. Ein Beispiel dafür ist die „Science Curriculum Improvement Study (SCIS)", einem in den USA entstandenen Curriculum für den Elementar- und Primarbereich, das übergreifende Lerneinheiten aus den klassischen Naturwissenschaften Biologie, Chemie und Physik enthält und die in ähnlicher Weise auch in der Bundesrepublik übertragen wurden (vgl. Spreckelsen 2004, S. 170). Spreckelsen (1971) hat beispielsweise das SCIS-Projekt übertragen und daraus konkrete Unterrichtsvorschläge entwickelt, wobei die Inhalte nur auf den physikalischen und chemischen Bereich beschränkt waren. Es wurden drei Grundkonzepte unterschieden, das Teilchenstrukturkonzept (Materie ist aus kleinsten Teilen aufgebaut), das Wechselwirkungskonzept (Wechselwirkungen finden zwischen verschiedenen Komponenten statt) und das Erhaltungskonzept (Größen bleiben konstant). Dieses Konzept wendet sich von den heimatkundlichen Inhalten völlig ab, andererseits wird hier nicht an den Vorerfahrungen der Kinder angeknüpft (vgl. Kaiser 2019, S. 75f.): „Gleichzeitig bedeutet ein derartiger Unterricht, dass die Kinder zwar keinesfalls überfordert werden, aber dafür auch nicht zum Denken aufgefordert werden. Sie bekommen aufs Einfachste präparierte Häppchen vorgesetzt, die ihnen keine Wahl lassen, ihre lebendigen Vorerfahrungen abtöten und keine weiteren Denkprozesse anregen" (ebd., S. 76).

Bei den verfahrensorientierten Ansätzen sollten Kindern Verfahrensweisen wissenschaftlicher Erkenntnisgewinnung vermittelt werden. Im Unterschied zum strukturorientierten Ansatz geht es hier also um Kompetenzen der Erkenntnisgewinnung wie Messen, Beobachten und Experimentieren und weniger um das Erlernen von Begriffen oder Konzepten. Auch hier waren die Abläufe starr und festgelegt und, „es ist gerade kein forschendes Lernen, sondern den Kindern wird nur ein Nachgestalten der Forschungssituationen anderer abverlangt" (Kaiser 2019, S. 78f.).

Diese (natur-)wissenschaftliche Orientierung nach dem Sputnik-Schock hinterlässt den Eindruck als seien gesellschaftswissenschaftliche Inhalte wie z.B. Politik nicht vordergründig gewesen. Tatsächlich gab es aber verschiedene Ansätze, auch gesellschaftswissenschaftliche Themen in den Unterricht zu verankern. Beck hat beispielweise in der 70er Jahren Konzepte zur politischen Bildung herausgebracht (vgl. Lange & Kaiser 2004, S. 166ff.).

Herauszuheben sind auch noch Ansätze des mehrperspektivischen Sachunterrichts als Widerspruch zu isolierten fachwissenschaftlichen und fachdidaktischen Konzepten. Auch eine Abgrenzung zum Gesamtunterricht war mit diesem Ansatz verbunden und zwar nicht im Sinne von Berthold Ottos verstandenen Konzept, sondern im Sinne einer Auffassung, durch eine Art „Klebekonstruktion" Inhalte oder Themen in allen Fächern zu behandeln (s.o.). Hier ging es darum, „die gesellschaftliche Wirklichkeit selbst direkt anzugehen und unter verschiedenen Perspektiven zu erschließen" (Meiers, 2004, S. 176).

Interessant sind im Zusammenhang mit wissenschaftsorientierten Ansätzen die Ausführungen von Katzenberger (1974), der schlussfolgert, dass sich bereits Schulanfänger:innen wissenschaftlicher Methoden bedienen könnten und dass auch wenn „[d]as relativ niedrige Informationsverarbeitungsniveau, die geringe Erfahrungsbasis und der unsystematische und unstete Zugriff" (ebd., S. 252) kennzeichnend für Erstklässler:innen sei, das „Modell des

kleinen Forschers“ [sic!] (ebd.) ein zutreffendes Bild bleibe. Allerdings sei eine breite Erfahrungsbasis notwendig, bevor wissenschaftliche Begriffe und Ideen zu erwarten seien und es erfordere „Wissenschaftsorientierung als Wahrheitskriterium von Aussagen“ (ebd.). Er resümiert, dass Schulanfänger:innen aufgeschlossen, neugierig und interessiert seien, solange Schule dies nicht verschütte. Zudem gehe von „naturwissenschaftlich-technischen Sachverhalten“ eine besondere Faszination aus (vgl. ebd., S. 252).
In ihrem 1992 erschienenen Artikel „Mit den Sachen beginnen - Ein Plädoyer für einen handlungsorientierten Anfangsunterricht“ (vgl. Kaiser 1992) formuliert Kaiser ein Plädoyer gegen die „Unterordnung von Sachunterricht unter die Kulturtechnikenvermittlung“ (ebd., S. 62). In der Zusammenfassung des Artikels heißt es: „Kinder kommen mit vielen Fragen in die Schule und wollen die Auseinandersetzung mit ihrer Lebenswelt, die sie selbst längst begonnen haben, hier fortsetzen. Diese Neugier sollte durch formalisierte Kurse in Kulturtechniken, die häufig an den thematischen Fragen der Kinder vorbeigehen, nicht enttäuscht werden. Vielmehr sollten am Anfang der Schule konsequent „die Sachen“ im Mittelpunkt stehen.“ (Kaiser 1992, Titelei). Zwar bezieht sich Kaiser hier auf Kerngedanken des Gesamtunterrichts nach Berthold Otto (s.o.), dennoch solle „keine Klebekonstruktion des alten Gesamtunterrichts“ entstehen, sondern ein „Primat der Sache“ vorherrschen, d.h. Sachunterricht solle im Zentrum des Anfangsunterrichts stehen (vgl. ebd., S. 65). In den ersten Schulwochen sollen „handelnde Sachthemen die konzentrierende Mitte des schulischen Lernens sein“ (ebd.), die Kulturtechniken können im Rahmen der freien Arbeit angeboten werden. Die Sachinhalte werden damit zum Hauptinhalt des Anfangsunterrichts, die Kulturtechniken sind Hilfe zum „Welt-Verstehen“ (vgl. ebd.). Kaiser (1992) nutzt für ihr Konzept mehrere Argumente:

- „Abbau von Angst in der Ablösungs- und Übergangssituation“ […] durch Ich-Stärkung, also Stärkung des Selbstbilds.
- „Milderung von Leistungsangst in einem selektiven Schul- und Gesellschaftssystem“ […] durch Milderung von Misserfolgserlebnissen und Stärkung der Lernmotivation.
- „Hilfen zur Bewältigung der hohen sozial-emotionalen Anforderungen des Schulanfangs“ […] durch soziales Lernen.
- „Priorität bei der Aufarbeitung der bisherigen Erfahrungen“ […] durch Anknüpfen an Vorerfahrungen.
- „Schule soll Freude bereiten“ […] durch einen attraktiven Sachunterricht.
- „Veränderung des Sachunterrichts durch veränderten Anfangsunterricht“ […] durch handelnd-entdeckendes Lernen.
- „Kommunikative Verschränkung“ […] durch wechselseitige Anregung und Verstärkung in der Gruppe.

Kaiser (2008a) argumentiert, der „Sachunterricht als Allgemeinbildung dient der umfassenden Bildung und nicht nur dem Wissensaufbau. Umfassende Bildung ist nach meinem Verständnis eine fundamentale Seite der Persönlichkeitsentwicklung für das Grundschulkind“ (ebd., S. 155) und

weiter (2019): „Sachunterricht dient nicht der Ansammlung von Faktenwissen oder dem Einüben von Fertigkeiten, sondern soll eine Basis für Allgemeinbildung schaffen“ (ebd., S. 4).
Allerdings nehmen die klassischen Kulturtechniken im Anfangsunterricht weitgehend eine vorrangige Stellung ein, was sich auch durch die geringere Stundenzahl gegenüber dem Mathematik- und Deutschunterricht zeigt.
Deutlich wird das auch bei Zeitungsanzeigen zur Einschulung, die grundsätzlich Lesen, Schreiben und Rechnen als klassische Kulturtechniken in Aussicht stellen und in den seltensten Fällen auf das Ergründen von technischen, natur- oder gesellschaftswissenschaftlichen Phänomenen eingehen. Eine mit Erstsemester-Studierenden regelmäßig durchgeführte Bilderbuchanalyse zeigt, dass wenige Bücher wie z.B. ein Kinder-Sachbuch aus der Reihe „Wieso? Weshalb? Warum?“ aus dem Ravensburger Verlag (vgl. Mennen 2001) neben Deutsch und Mathematik auch den Sachunterricht thematisiert (unveröffentlichte eigene Quelle).
Aus sachunterrichtsdidaktischer Sicht findet eine konzeptionelle Auseinandersetzung mit Erst- oder Anfangsunterricht – anders als z.B. in der Deutsch- und Mathematikdidaktik – eher wenig statt: „Erstrechnen, Erstlesen bzw. Erstschreiben sind Begriffe, die seit langem gebräuchlich sind […]. In der Sachunterrichtsdidaktik dagegen wird der Begriff Anfangsunterricht oft verwandt, ohne ihn fachdidaktisch zu wenden“ (Gläser 2007, S. 50).
Die *Sache* könne eine entscheidende Brücke zwischen Elementar- und Primarbereich sein und zwar aus mehreren Gründen (vgl. Kaiser & Miller 2009, S. 81): Kinder sind vor allem an Fragen ihrer Lebenswelt interessiert. Des Weiteren werde möglicherweise vermieden, dass Kinder schon die ersten Einbrüche in ihrem Selbstwertgefühl entwickeln, weil sie kognitive Probleme beim Erkennen der symbolischen und formalen Systeme von Schriftsprache und Mathematik haben. Die Autor:innen sehen die Sache als Mittelpunkt des Grundschulunterrichts und unterstreichen ihre These mit einem Zitat von Reinhoffer (2000): „Gerade im Anfangsunterricht der Grundschule wird die Frage nach dem Verhältnis des Sachunterrichts zu den anderen Lernbereichen akut. Im Übergang zum spielerischen Lernen, das die Vorschulzeit dominiert, zu den systematisierten Formen des schulischen Lernens rückt eine explizite Fächerung in den Hintergrund“ (ebd., S. 18).
Meiers (1997) beschreibt, dass Kinder im Anfangsunterricht an die durch Schule und Unterricht gesetzten Bedingungen herangeführt werden sollen. Dazu gehören Stundenpläne und Lehrpläne genauso wie Aufgabenerfüllung und den Erwerb von Arbeits- und Lerntechniken. Meiers beschreibt, das Kind werde Normen unterworfen, es könne nicht mehr so reden, „wie einem der Schnabel gewachsen ist“ und es werden auch Grenzen der eigenen Leistungsfähigkeit erfahren (vgl. ebd., S. 159). Meiers (1997) resümiert: „Der AU [Anfangsunterricht] versucht das einzelne Kind unter Berücksichtigung seiner individuellen Verfassung (Prinzip der Differenzierung) so zu fordern, dass er es in Weiterführung seiner Biographie (Prinzip der Kontinuität) dahingehend fördert, dass es seine Lern - und Bildungsprozesse unter den Bedingungen von Schule und Unterricht erfolgreich und zunehmend selbständiger (Prinzip des selbstgeleiteten Lernens) gestalten kann“ (ebd., S. 161).
Entlang von fünf Thesen beschreibt Meiers (1997) einen Sachunterricht mit Schulanfänger:innen: In der ersten These, in der es um Kontinuität geht, also

um die Fortsetzung des Lebens und Lernens vor Schuleintritt. Zentrale Forderung Meiers ist, dass sich an den Fragen und Interessen der Kinder orientiert und das selbstgeleitete Lernen gefördert werde (vgl. ebd., S. 164).

In einer zweiten These geht Meiers (1997) davon aus, dass Kinder bei der Einschulung noch nicht über schulspezifisches Wissen und Können verfügen, d.h. weder über einfache Tätigkeiten wie den Schulranzen oder Federmappe ein- und auspacken, noch über Arbeits- und Lerntechniken oder Kulturtechniken, die notwendig sind, den Unterricht zu bewältigen. Um diese von Meiers (1997) in Anführungszeichen versehenen *Defizite* zu überwinden, gebe es für den Sachunterricht die Konsequenz, dass Bücher zunächst im Hintergrund bleiben, entwicklungsangemessene Arbeitstechniken verwendet werden und dass die Lehrperson herausgefordert werde, ihren eigenen Wissens- und Könnensvorsprung komplementär einzubringen (vgl. ebd., S. 165). Meiers (1997) gibt dazu ein Beispiel aus dem ersten Schuljahr, bei dem Kinder mit Magneten spielen und explorieren, versuchen, erklären, beschreiben, was magnetisch sei und was nicht. Zentral ist hier, dass die Lehrperson keine Arbeitsblätter mit zu lösenden Aufgaben einsetzt, um das Beobachtete zu dokumentieren und Ergebnisse zu sichern, sondern „die Lehrperson beobachtet, hört zu, macht Notizen und gestaltet ein Buch mit einer Skizze auf der einen Seite und einem Satz von einem oder zwei Kindern auf der anderen Seite“ (ebd., S. 165). Sie dokumentiert und verstärkt und die Kinder haben die Möglichkeit, je nach Fortschritt des Schriftspracherwerbs, das Produkt zu einem späteren Zeitpunkt zu lesen. Die zentrale Aufgabe des Sachunterrichts im Anfangsunterricht, so Meiers (1997) sei die „Grundlegung und Entfaltung des arbeitsmethodischen Entwicklungsstandes“ bzw. die „Vermittlung sachgemäßer und fachgerechter Arbeitsverfahren und Arbeitstechniken“ (ebd., S. 165) sowie der Sprache im Sachunterricht von Anfang an große Aufmerksamkeit zu widmen (vgl. ebd., S. 167).

Eine dritte These Meiers (1997) zum Sachunterricht mit Schulanfänger:innen beinhaltet das Spannungsfeld zwischen curricularen Vorgaben und der Lebenswelt der Kinder. Der Sachunterricht müsse „das Kind im Blick behalten mit dem Ziel, es in einer Atmosphäre der Bestätigung und Ermutigung zum Einsatz seiner kognitiven und kreativen Fähigkeiten und zum kundtun seiner Interessen zu bewegen“ (ebd., S. 167).

Die vierte These beschreibt, dass Kinder im Sachunterricht des Anfangsunterrichts zum Denken und Forschen angeregt werden müssten, z.B. durch das Zeigen eines Unterrichtsgegenstandes, einer Sache. „Kindorientierung wäre falsch verstanden, würde man dem Kind abverlangen, stets aus sich heraus aktiv sein zu müssen“ (ebd., S. 168).

Die letzte These, die Meiers (1997) aufstellt, ist eine generelle: Der Sachunterricht soll das Zentrum des gesamten Anfangsunterrichts darstellen. Kaiser (2008a) geht in ihrer Forderung noch weiter und schlägt als Schulanfangskonzept den „sachunterrichtlichen Schulanfang“ vor: „Dieses basiert auf der Hypothese, dass bei den Schulanfängerinnen und Schulanfängern in unserem Lande in mehrfacher Hinsicht Lernbedarf besteht, der an erster Stelle Aufgabe von Schule sein muss. Diese Aufgaben sind primär im Sachunterricht verortet […]“ (ebd., S. 156).

Die Kriterien für einen erfolgreichen sachunterrichtlichen Schulanfang nach Kaiser (1992/2019) finden sich demnach auch bei Meiers (1997): Abbau von

Ängsten, Vermeidung von Misserfolgen, soziales Lernen sowie Orientierung an Vorerfahrungen und all das in einem handlungsorientierten und kommunikativen Sachunterricht.
Kaiser (2008a) formuliert für ihr Schulanfangskonzept zudem verschiedene Aufgaben und Prinzipien, die eine hilfreiche Systematisierung für die Gestaltung lernförderlicher Situationen sind. Zunächst gehe es um die *Umweltorientierung* und die Frage, wie die Kinder ihre Umwelt bisher erfahren haben. Der kommunikative Sachunterricht ist ein ideales Konzept, um darüber im Austausch zu geraten. Der *Zukunftsaspekt* sieht den Sinn der Schule als Vorbereitung auf die Zukunft, da ohne Sinnverständnis ein selbstbestimmtes Lernen nicht entwickelt werde. Die *Sozialerfahrung* sei eine wichtige und im Sachunterricht verankerte Aufgabe, die gerade wegen der veränderten Sozialsituation im Übergang von Bedeutsamkeit sei. Unter dem *Gegenwartsaspekt* werden die zu entwickelnden kulturellen Kompetenzen des schulischen Lebens und Lernens verstanden, wie z.B. Sprache, die in Sachzusammenhängen erworben werden kann. Neben der Stabilisierung im Übergang, die ggf. den Angstabbau unterstützt, sollte zu Beginn der Schulzeit auch Lernfreude eine Rolle spielen, um die Motivation zu steigern. Dies gelinge in einem handlungsorientiertem Sachunterricht, wenn Unterrichtsinhalte mehr seien als eine „bloße Unterstützung bei der Alltagsbewältigung des Schulkindes", (ebd., S., 160) sondern komplexe und anspruchsvolle Aufgaben bereithielten (vgl. ebd., S. 161).

Die Geschichte des Sachunterrichts zeigt insgesamt, dass verschiedene Ansätze, Richtungen oder Konzeptionen entwickelt wurden, die z.T. auch in der Gegenwart noch bedeutsam sind und die in Prinzipien für einen gelingenden Sachunterricht im Anfangsunterricht münden (Kapitel 5).

[Eine umfangreichere Darstellung der historischen Entwicklung des Sachunterrichts finden sich u.a. in den Werken von Kaiser & Pech (2004), Kahlert (2005), Richter (2009), Thomas (2009) und Kaiser (2019)]

3. Erkenntnisse aus der Entwicklungspsychologie zum Schulanfang

„Kinder begegnen dem naturwissenschaftlichen Anfangsunterricht […] nicht als „tabula rasa", sondern haben von vielen Inhalten schon vor der formalen Instruktion bereits eigene Intuitionen und Präkonzepte. Diese Vorstellungen der Lernenden entsprechen allerdings nicht immer den allgemein akzeptierten wissenschaftlichen Konzepten und erfordern oft eine Ausdifferenzierung oder gar Umstrukturierung", so Koerber & Sodian (2007) als Hinweis darauf, dass die kognitive Entwicklung von Kindern bereits weit fortgeschritten sein könne, wenn diese eingeschult würden (ebd., S. 63). Anhand des Beispiels zum naturwissenschaftlichen Lernen führen die Autorinnen aus, inwieweit wissenschaftliche Erkenntnisprozesse schon in jungen Jahren erfolgen können.
Zur Entwicklung des Denkens bzw. Theorien der kognitiven Entwicklung hat der bekannte Entwicklungspsychologe Jean Piaget (1896-1980) umfangreiche Forschungsergebnisse vorgelegt, vor allem bekannt ist die „Stadientheorie der geistigen Entwicklung". Nach dieser Theorie werden vier

Entwicklungsstadien unterschieden: Das sensumotorische Stadium erfasst den Bereich von der Geburt bis zu zwei Jahren, das präoperatorische Stadium umfasst die Lebensjahre ca. zwei bis sieben, das konkret-operatorische Stadium den Bereich von ca. sieben bis 12 Jahren und schließlich das formal-operatorische Stadium von ca. 12-16 Jahren. Jedes Stadium wird noch differenzierter unterteilt und ist charakterisiert durch bestimmte Fähigkeiten und Entwicklungsschritte (vgl. Sodian 2008a, S. 436f.).
Das für den Anfangsunterricht interessante Stadium umfasst mit dem präoperatorischen Stadium ungefähr das Alter zwischen zwei und sieben Jahren und ist gekennzeichnet durch die Fähigkeit zur Repräsentation von Vergangenheit und Zukunft sowie zur Bildung von Vorstellungswelten. Die Sprache entwickelt sich weiter und wird komplexer. Allerdings ist auch für dieses Stadium das Fehlen von Erhaltungsbegriffen und ein Mangel an physikalischem Kausalverständnis charakteristisch (vgl. ebd., S. 437f.), sodass das präoperatorische Denken durch das Fehlen der Fähigkeit zu logischen Operationen eingeschränkt ist (vgl. ebd., S. 439), wobei Piaget unter dem Begriff ‚Operation' die Möglichkeit meint, „interne Repräsentationen zu manipulieren" (ebd., S. 439), da Piaget in seinen Beobachtungen an Kindern eine Vielzahl von Denkfehlern diagnostizierte. Ein bekanntes Beispiel ist eine Aufgabe zur Erhaltung einer Flüssigkeitsmenge: Zwei kurze, breite Gläser werden mit einer gleichen Menge Flüssigkeit befüllt und die (vierjährigen) Kinder danach befragt, ob in beiden Gläsern gleich oder unterschiedlich viel (Flüssigkeit) sei. In einem weiteren Schritt wird nun von einem der kurzen, breiten Gläser die Menge der Flüssigkeit in ein höheres und schmaleres Glas geschüttet, sodass bei derselben Menge der Flüssigkeitsspiegel in diesem Glas steigt. Die befragten Kinder, die antworteten, es sei dieselbe Menge Flüssigkeit in beiden kurzen Gläsern, behaupten nun nach dem Umschüttvorgang, es wäre in dem höheren und schmaleren Glas mehr Flüssigkeit. Dieselben Denkfehler zeigen sich in ähnlichen Versuchsanordnungen zur Erhaltung von Masse und Zahl. Es kommt hier zu logisch inkonsistenten Aufgabenlösungen, die beobachtete Handlung kann mental nicht rückgängig gemacht werden (vgl. ebd., S. 440f.): „Durch das Fehlen der Erhaltungsbegriffe ist das Denken des Vorschulkindes in gravierender Weise eingeschränkt. Es verfügt nicht über die logischen Voraussetzungen für den Erwerb physikalischer und numerischer Grundkonzepte" (ebd., S. 441).
Weiterhin war Piaget aufgrund seiner Beobachtungen der Auffassung, dass Kinder in diesem Stadium Phänomene der unbelebten Natur nicht verstehen könnten. Als Grund vermutete er ein mechanistisches Kausalverständnis, das er beobachtete, wenn er Kinder aufforderte, ein Naturphänomen zu beschreiben. Sie tendierten dazu, unbelebten Objekten menschliches Verhalten oder Leben zuzuschreiben (animistisches Denken) (vgl. ebd., S. 442): "Vorschulkinder sind, so Piaget, unfähig, physikalische oder biologische Funktionsmechanismen zu verstehen und übertragen daher ihr intentionalistisches Kausaldenken auch auf unbelebte Objekte" (ebd., S. 442). Sodian (2008a) resümiert, dass Piagets Ansatz drei Schwachpunkte aufweist: Im kindlichen Denken zeigt sich eine größere Variabilität in der Entwicklung als die stadientypische Einteilung es vermitteln kann: Das Unterschätzen kognitiver Fähigkeiten schon junger Säuglinge und die beschriebenen Entwicklungsmechanismen scheinen zu vage (vgl. ebd., S.

443f.). Stern (2003a) führt aus, dass Kinder durchaus komplexe Gedankengänge nachvollziehen können, sie aber eine externe Anregung benötigen, um neues Wissen zu erschließen (vgl. ebd., S. 38). Koerber & Sodian (2007) zeigen auf, dass bereits Säuglinge über ein biologisches Verständnis verfügen, z.B. zwischen belebten und unbelebten Objekten unterscheiden können. Auch verfügen sie über physikalische Intuitionen bzw. Kompetenzen, die sie nicht aus Erfahrung erworben haben können. Die Autorinnen fragen sich, ob die stadientypischen Defizite, die Piaget beschreibe, einfach nur Wissensdefizite sein könnten, die durch geeignete Instruktionen wieder ausgeglichen werden könnten (vgl. ebd., S. 65ff.).
Im Hinblick auf entwicklungspsychologische Befunde zur Entwicklung des biologischen Verständnisses im Anfangsunterricht folgern Koerber & Sodian (2007), dass Grundschulkinder und Erwachsene ein ähnliches Verständnis aufzeigen, jedoch sog. Fehlkonzepte zu erwarten seien, weshalb eine Diagnose der Präkonzepte im Unterricht nicht fehlen dürfe (vgl. ebd., S. 67f.). Die Autorinnen fragen zudem, inwieweit junge Kinder formales wissenschaftliches Denken entwickeln können, d.h. ob Kinder im Anfangsunterricht z.B. bereits Hypothesen ableiten und sie prüfen können und ob sie Hypothesen revidieren und reflektieren können. Auf Grundlage entsprechender Studien kommen Koerber & Sodian (2007) zu dem Schluss, „dass Kinder zu Beginn des Grundschulalters schon über einige grundlegende Fähigkeiten im Bereich des formal-wissenschaftlichen Denkens verfügen, die sich im Verlauf des Grund- und Sekundarschulalters weiter ausdifferenzieren. In einfachen Aufgaben können schon Grundschulkinder schlüssige, kontrollierte Experimente auswählen und verstehen, dass Hypothesen aufgrund gegenteiliger Evidenz revidiert werden sollten“ (ebd. S. 72). In Rahmen der LOGIK-Studie (Longitudinalstudie zur Genese individueller Kompetenzen) schlussfolgern Sodian et al. (2008b), dass bereits Kinder im Grundschulalter „über ein Grundverständnis der Hypothesenprüfung verfügen“, dies also nicht erst in der Adoleszenz entstünde (vgl. ebd., S. 74). Für den Unterricht ergebe sich damit die Forderung, dass Experimente auch schon im Anfangsunterricht eingesetzt werden könnten, allerdings seien vom „Herumexperimentieren“ keine Effekte zu erwarten, Lehrende sollten die Schüler:innen im Prozess des wissenschaftlichen Denkens unterstützen (vgl. Koerber & Sodian 2007, S. 72f.).
Koerber & Sodian (2007) schlussfolgern für den Sachunterricht im Anfangsunterricht, dass die Diagnose des Vorwissens notwendig sei, um Präkonzepte beim Unterrichten aufzugreifen und weiterzuführen. Eine Unterrichtskultur, in der Kinder ermutigt werden, Erklärungen zu generieren und zu diskutieren und in der Lehrkräfte Fehler oder sog. Fehlkonzepte nicht negativ bewerten, sei ebenfalls von zentraler Bedeutsamkeit. Auch die Anbahnung des domänenübergreifenden wissenschaftlichen Verständnisses sei wichtig und schließlich gehe auch es auch um eine hohe diagnostische, fachliche und didaktische Kompetenz von Lehrkräften (vgl. ebd., S. 75f.).
Verschiedene Studien legen nahe, dass schon junge Kinder zu anspruchsvollen Denkleistungen in der Lage sind und eine defizitäre Denkleistung, wie sie Piaget beschrieb, nicht bestätigt werden kann (vgl. Stern 2003a, S. 39): „Ein entscheidender Grund dafür, dass Kinder in fast allen Gebieten schlechtere Leistungen erbringen als Erwachsene, liegt darin,

dass Kinder aus zeitlichen Gründen im Allgemeinen noch keine Gelegenheit hatten, das benötigte Wissen zu erwerben" (ebd., S. 39). Stern (2003a) skizziert die Wissensentwicklung vom Säuglingsalter bis zum Grundschulalter und führt aus, dass Kinder mathematische oder naturwissenschaftliche Kompetenzen einfach entwickeln und fordert bereits für die Grundschule die Förderung anspruchsvollen Wissens. Ziel sollte dabei der Aufbau von Vorwissen sein, um an spätere Unterrichtseinheiten anknüpfen zu können, da sich Wissensvorsprünge auszahlen (vgl. ebd., S. 53ff.). Stern (2003a) untermalt dies mit einem Zitat von Weinert (2002): „Unabhängig von den unterschiedlichen Fähigkeiten und Talenten der Schüler [sic!] muss alles gelernt werden, was später gewusst und gekonnt wird. Lernen ist der mächtigste Mechanismus der kognitiven Entwicklung. Das gilt uneingeschränkt sowohl für hochbegabte Kinder als auch für schwächer begabte Schüler [sic!]. In vielen Fällen ist dabei didaktische Unterstützung notwendig und wirksam. Noch so gut gemeinte motivationspsychologische oder sozialpädagogische Maßnahmen können für den eigentlichen Lernakt kein Ersatz, sondern nur eine oft sehr wirksame Voraussetzung sein" (ebd., S. 85).

Bronfenbrenner (1981) definiert Entwicklung „als dauerhafte Veränderung der Art und Weise, wie die Person die Umwelt wahrnimmt und sich mit ihr auseinandersetzt" (ebd. S. 19) und nutzt dabei den Begriff der *Ökologie* der menschlichen Entwicklung. Dabei wird Ökologie nicht nur im Sinne eines biologischen Verständnisses genutzt, sondern „auch auf die im ursprünglichen Begriff *oikos* enthaltende Bedeutung von Haus" (ebd., S. 9): „Die Ökologie der menschlichen Entwicklung befaßt [sic!] sich mit der fortschreitenden gegenseitigen Anpassung zwischen dem aktiven, sich entwickelnden Menschen und den wechselnden Eigenschaften seiner unmittelbaren Lebensbereiche. Dieser Prozeß [sic!] wird fortlaufend von den Beziehungen dieser Lebensbereiche untereinander und von den größeren Kontexten beeinflußt [sic!], in die sie eingebettet sind" (ebd., S. 37). Bronfenbrenner (1981) stellt sich diese Umwelt als ein Set von ineinander geschachtelten Strukturen vor, in deren Zentrum die sich entwickelnde Person steht. Diese Struktur der Umwelt stellt Bronfenbrenner (1981) mit abstrakten Begriffen dar: Das Mikrosystem, das Mesosystem, das Exosystem und das Makrosystem, (vgl. ebd., S. 23f.). Mikrosysteme seien „Muster von Tätigkeiten und Aktivitäten, Rollen und zwischenmenschliche Beziehungen, die die in Entwicklung begriffene Person in einem gegebenen Lebensbereich mit den ihm eigentümlichen physischen und materiellen Merkmalen erlebt" (ebd., S. 38). Die nächste Ebene, das Mesosystem, „umfaßt [sic!] die Wechselbeziehungen zwischen den Lebensbereichen, an denen die sich entwickelnde Person beteiligt ist (für ein Kind etwa die Beziehungen zwischen Elternhaus, Schule und Kameradengruppe [sic!] in der Nachbarschaft […]" (ebd., S. 41). Das Exosystem umfasst Lebensbereiche, „an denen die sich entwickelnde Person nicht selbst beteiligt ist, in denen aber Ereignisse stattfinden, die beeinflussen, was in ihrem Lebensbereich geschieht, oder die davon beeinflußt [sic!] werden" wie z.B. der Arbeitsplatz der Eltern. Das Makrosystem schließlich bezieht sich „auf die grundsätzliche formale und inhaltliche Ähnlichkeit der Systeme niedrigerer Ordnung […], die in der Subkultur oder der ganzen Kultur bestehen oder bestehen könnten, einschließlich der ihnen zugrunde liegenden Weltanschauungen und

Ideologien“ (ebd., S. 42). Das Modell der Ökologie der menschlichen Entwicklung ist hochkomplex und verdeutlicht das Zusammenspiel und die Verflechtungen einzelner Akteur:innen und Begebenheiten. Grob gesagt, hat alles im System Auswirkung auf das sich entwickelnde Kind in all seinen Lebensabschnitten und somit auch der Anfangsunterricht.

4. Forschungsbezüge zum Stellenwert des Sachunterrichts im Anfangsunterricht

Lichtenstein-Rother stellt 1969 fest, dass für den Sachunterricht im Anfangsunterricht verschiedene Ansätze und Schwerpunkte existieren: Ein Sachunterricht mit einer eigenen didaktischen Zielsetzung und Bedeutung fehlt oder konkrete Lerngegenstände werden aufgrund aktueller Anlässe, im Rahmen eines „Gelegenheitsunterrichts“ und als Folge von Kinderfragen thematisiert. Die Umsetzung von Sachunterricht erfolgt im Sinne eines propädeutischen Faches, aber ohne eigene Didaktik oder es existiert Sachunterricht mit einer eigenen Didaktik (vgl. ebd., S. 151f.). Die Aufgabe des Sachunterrichts sei es, „Erfahrungen und Erlebnisse zu vermitteln und die Kinder zu einer ersten Klärung und Ordnung dieser Erfahrungen zu führen, sie dabei in den Ausdrucksmöglichkeiten zu fördern und sachgemäße Darstellungsweisen anzubahnen“ (ebd., S. 153).

Dies schließt gut an eine Untersuchung von Reinhoffer (2000) zum Stellenwert des Sachunterrichts im Anfangsunterricht an. In seiner Studie befragte Reinhoffer (2000) 29 Lehrkräfte danach, welchen Stellenwert sie dem Sachunterricht zuschreiben würden (vgl. ebd. S. 17). Die Ergebnisse der Untersuchung zeigen, dass elf der 29 Lehrer:innen den Sachunterricht als vorrangig gegenüber anderen Unterrichtsfächern sehen, während vier Lehrkräfte eine Gleichwertigkeit zu anderen Fächern erkennen. Allerdings sieht mit 14 Lehrer:innen fast die Hälfte der Befragten das Fach als nachrangig gegenüber den anderen Fächern an und begründet dies zum Beispiel damit, dass die klassischen Kulturtechniken den zentralen Lehrauftrag der Schule ausmachten (vgl. ebd. S. 263 ff.). Dies belegt folgendes Zitat: *„Ja, sagen wir mal primär ist mir natürlich schon Deutsch und Mathe. Muss ich also ganz ehrlich gestehen. Als, so lang's da hängt, lass ich lieber so was weg, auch Zeichnen oder die anderen Sachen“* (ebd. S. 275).

Allerdings begründen einige Lehrkräfte auch eine Vorrangstellung des Sachunterrichts, die entweder dadurch begründet wird, dass sich der Sachunterricht an der Lebenswirklichkeit und am Erfahrungsbereich der Kinder orientiert oder dass der Sachunterricht als motivationale Unterstützung für den gesamten Unterricht gesehen wird (vgl. ebd. S. 267).

Gläser (2009) untersucht in ihrer quantitativen Studie zu Einstellungen von Lehrkräften zum Sachunterricht im Anfangsunterricht die zugeschriebene Relevanz des Faches, die Bedeutsamkeit von Inhalten, Methoden und Medien sowie die Zusammenarbeit im Kollegium. Daneben wurden Einstellungen und Überzeugungen zu grundschuldidaktischen Fragen erhoben (vgl. ebd., S. 143 f.). Die Stichprobe (N = 1185) erfolgte mit Hilfe eines Fragebogens an 504 Grundschulen in Niedersachsen, wobei drei der Items an die Studie von Reinhoffer (2000) angeknüpften, die drei Stellenwertmodelle ermittelte

(s.o.). Das Ergebnis zeigt, dass die Proband:innen mit 72,1% die höchste Zustimmungsrate zum ‚Gleichrangmodell' aufwiesen, 66.8% zum ‚Nachrangmodell' und 40,2% zum ‚Vorrangmodell'. In einem weiteren differenzierten Auswertungsschritt konnte gezeigt werden, dass 45,7% dem ‚Nachrangmodell' und 18,3% dem ‚Vorrangmodell' zustimmen (vgl. Gläser 2009, S. 145ff.).
In einer eigenen Untersuchung (unveröffentlichte eigene Quelle) sehen die befragten Lehrkräfte den Sachunterricht im Anfangsunterricht eher im Gleichrangmodell, was sich mit den Ergebnissen aus der Studie von Gläser (2009) deckt:

Lehrkraft 1:
„Also, ich weiß wohl, dass einige Sachunterricht so ein bisschen hinten überkippen lassen. Sagen halt, naja, die müssen ja erstmal lesen und schreiben lernen und dann kann ich mir den Apfel ja immer noch mal zwischendurch angucken. Das muss ja erstmal reichen, aber ich stock die Stunden ja auch immer so ein bisschen auf, also ich mach nicht nur die zwei Stunden, die vorgesehen sind, sondern es sind auch mehr, weil ich sage, dass man auch mal, man brauch manchmal zwei, drei Stunden am Stück, einfach, um mal so ein bisschen experimentieren zu können. Da reicht auch meine eine Stunde dann nicht aus."

Lehrkraft 2:
„Also, er ist schon wichtig, aber es sind ja nur zwei Stunden. Aber es ist natürlich, weil es die Lebenswelt der Kinder ist, ist es natürlich einfach ganz wichtig und deswegen auch viele Lebenspraktische Sachen rechts, links, oben, unten, noch mal diese Orientierung, Orientierung im Stadtteil auch. Wie bewege ich mich auf der Straße? Das ist ja eigentlich ein Superfach für die Lebenspraxis. Wie kocht man eine Suppe, wie schnürt man Schürsenkel, also solche Sachen auch."

Lehrkraft 3:
„Genauso wichtig wie die anderen Sachen auch."

5. Prinzipien für einen Sachunterricht im Anfangsunterricht

5.1 Vorerfahrungen der Kinder aufgreifen

Kaiser (2008a) spricht von *Umweltorientierung,* wenn sie meint, dass an kindliche Vorerfahrungen und Vorstellungen angeknüpft werden müsse, da an den „vielen Fragen und Orientierungsprobleme[n], die Kinder bisher in ihrer Umwelt erfahren haben, angesetzt werden (Vergangenheitsaspekt) [muss]" (ebd., S. 156). Vorerfahrungen beinhalten jedoch nicht nur Fragen der Kinder, sondern auch Vorstellungen.
Nach Adamina (2008) sind Schüler:innenvorstellungen ein „gedankliches Konglomerat (auch mentale Konstruktion) aus Erfahrungen, Wahrnehmungen, Kenntnissen, Einstellungen, Interessen, Wertungen zu Sachen und Situationen bzw. zu Inhalten und Themen" (ebd., S. 19).

Möller (2018) konstatiert, unter Schüler:innenvorstellungen würden Vorstellungen verstanden, die Schüler:innen vor, in oder nach dem Unterricht gebildet haben und die enaktiv, ikonisch oder symbolisch (d.h. räumlich-zeitlich, bildhaft oder sprachlich) repräsentiert sein können. Mit dem Begriff Schüler:innenvorstellungen haben sich weitere Synonyme entwickelt: Alltagsvorstellungen oder Alltagstheorien gelten als Konzepte, die aus der Alltagswelt entstehen, während Vorwissen, Vorerfahrungen, Präkonzepte oder Vorverständnis darauf hindeuteten, dass die Vorstellungen bereits vor einem unterrichtlichen Lernprozess entstanden seien. Sogenannte Fehlkonzepte bzw. Misconceptions drückten aus, dass die Vorstellungen nicht mit wissenschaftlichen Annahmen übereinstimmten (vgl. ebd., S. 35ff.). Nach Adamina (2008) können Schüler:innenvorstellungen nicht direkt erfasst werden, sondern offenbaren sich über Sprache und Bilder.

Koerber & Sodian (2007) fassen zusammen, dass mehrere Methoden zur Diagnose des Vorwissens diskutiert werden: „Interviews, Diskussionen, Kleingruppenarbeiten, Vortests, das Erarbeiten von Concept Maps, Kurzessays oder andere spezifische Aktivitäten“ (ebd., S. 73). Des Weiteren können auch Kinderfragen (Kapitel 5.1.1) und Kinderzeichnungen (Kapitel 5.1.2) Hinweise auf Vorstellungen liefern.

Die Erhebung von Schüler:innenvorstellungen stellt eine zentrale Ausgangsbasis für die Unterrichtsplanung dar. Möller (2018) beschreibt mehrere Strategien für die Weiterentwicklung von Vorstellungen: Bei der *Anknüpfungsstrategie* gehe es darum, im Unterricht an Vorerfahrungen der Kinder anzuschließen, bei der *Konfliktstrategie* werden die Vorstellungen durch Gegenbeweise erschüttert und bei der *Brückenstrategie* werden mögliche störende Vorstellungen übergangen und direkt mit dem Aufbau adäquater Vorstellungen begonnen (vgl. ebd., S. 45f.).

Verschiedene theoretische Ansätze betonen die Bedeutsamkeit von Schüler:innenvorstellungen für den Lernprozess, z.B. Theorien zum *Conceptual Change* (Kapitel 5.5) oder konstruktivistische Ansätze (vgl. ebd., S. 37ff.).

Der Konstruktivismus als eine Erkenntnistheorie „steht [...] für zahlreiche *Theorien* und Konzepte aus unterschiedlichen Kontexten, denen allen die Vorstellung gemeinsam ist, dass der Mensch keinen unmittelbaren erkenntnismäßigen Zugang zur Wirklichkeit hat, sondern lediglich das zu erkennen – auf sich „wirken“ zu lassen – vermag, was er mit seinen Sinnen realisieren und mit seinen kognitiven und emotionalen Ressourcen verarbeiten kann“ (Arnold 2003, S. 51).

Erkenntnis wird in diesem Zusammenhang zunächst neutral als Ergebnis eines durch Einsicht oder Erfahrung gewonnenen Wissens definiert. Entsprechend beschäftigen sich Erkenntnistheorien wiederum mit Bedingungen zur Erlangung dieses Wissens. Eines der großen Probleme von Erkenntnistheorien ist die Frage, was wir wirklich von der Welt wissen bzw. ob wir grundsätzlich einer Täuschung über unsere wahrgenommene Außenwelt unterliegen, also ob z. B. das Rot, das wir sehen, in Wirklichkeit Rot ist oder ob der Baum, der vor uns steht, auch wirklich vorhanden ist (vgl. Brendel 2018, S. 53).

Eine Grundlage von Erkenntnis ist die Wahrnehmung einer Differenz zwischen vorhandenem Vorwissen und etwas Neuem, Unbekannten. Unsere Wahrnehmung wird permanent abgeglichen und dahingehend überprüft, ob bisherige Deutungsmuster viabel, also lebensdienlich resp. passend sind. Ist die Differenzwahrnehmung extrem stark und nicht anschlussfähig an die bewährten Deutungsmuster, kommt es zu einer Perturbation, also einer Störung, durch die unsere Konstrukte verändert werden. Aufgrund unterschiedlicher Erfahrungen, Lebensverhältnisse, Lebensgeschichten usw. generiert jeder Mensch auch unterschiedliche Wirklichkeitskonstruktionen (vgl. Siebert 1996, S. 17ff.; vgl. Schüßler & Bauendick 1997, S. 46; vgl. Hauenschild & Wulfmeyer 2001, S. 154).

Eine Referenztheorie zum Konstruktivismus ist die neurobiologische Erklärung von Erkenntnis. In Bezug auf die Informationsverarbeitung des Gehirns ist es durchaus eine der gängigen Vorstellungen, dass Wissen übertragen oder vermittelt werden könne, z.B. von einer lehrenden (Lehrkraft) auf eine lernende Person (Schüler:in). Dagegen sprechen jedoch Erkenntnisse aus der Neuro- und Kognitionswissenschaft. Wissen kann demnach keineswegs einfach übertragen werden, sondern Bedeutungen werden im Gehirn der Lernenden konstruiert. Das, was z.B. eine sprechende Person produziert und was an das Ohr des/der Zuhörenden gelangt, ist nichts anderes als das physikalische Phänomen von Schalldruckwellen. Diese Schalldruckwellen gelangen an das Innenohr, werden in Nervenimpulse umgewandelt und gelangen in das Gehirn des/der Hörenden. Als uns bekannte oder unbekannte Sprachlaute werden sie erst identifiziert, nachdem die Schallwellen im Gehirn nach Frequenzen, Amplituden und zeitlichen Beziehungen der Schwingungen einer Prüfung unterzogen werden. Diese Sprachlaute werden mit den bereits vorhandenen Inhalten des Sprachgedächtnisses verglichen. Eine Bedeutungskonstruktion findet dann statt, wenn bereits ein bestimmtes Vorwissen zu dieser Information existiert, also z. B., wenn wir die Sprache kennen und damit etwas anfangen können. Diese Konstruktionen im Gehirn verlaufen automatisch und völlig unbewusst ab und sind daher nur schwer beeinflussbar (vgl. Roth 2006, S. 49f.). Aus neurobiologischer Sicht ist unserem Gehirn daher nicht die Realität direkt zugänglich, sondern unser Gehirn konstruiert sich eine subjektive Wirklichkeit durch neurophysiologische Prozesse. Der Mensch ist demnach ein autopoietisches System, d.h. ein sich selbstbildendes Wesen (vgl. Hauenschild & Wulfmeyer 2001, S. 151).

Während der Radikale Konstruktivismus die Ausschließlichkeit der Subjektivität von Wissen und damit von Denk- und Lernprozessen postuliert, betont der Sozialkonstruktivismus die „Interaktions- und Kommunikationsprozesse als Grundlage von Wahrnehmung und Erkenntnis eines in einer Gesellschaft verwurzelten Individuums" (vgl. Schüßler & Bauendick 1997, S. 44; 48; Hauenschild & Wulfmeyer 2001, S. 155). Wenn wir Bedingungen betrachten, unter denen wir zu Erkenntnis gelangen, spielt der Austausch von Informationen im sozialen Gefüge durchaus eine bedeutsame Rolle.

Die gemäßigte konstruktivistische Position zum Lernen versucht, Instruktion und Konstruktion in einer Balance zu sehen, d.h. für Unterricht von einer Verknüpfung von Instruktion seitens der Lehrenden bzw. der Konstruktion auf Seiten der Lernenden auszugehen. Diese Position beinhaltet verschiedene Merkmale des Lernens: Lernen als aktiven Prozess (aktive Beteiligung der Lernenden), Lernen als selbstgesteuerten Prozess, Lernen als konstruktiven Prozess (Anknüpfen an Vorerfahrungen/Vorwissen), Lernen als emotionalen

Prozess (z.B. im Hinblick auf Motivation), Lernen als situativen Prozess (Lernen in spezifischen Kontexten) und Lernen als sozialen Prozess (vgl. Reinmann & Mandl 2006, S. 637ff.).

Kinder im Übergang zwischen Kindergarten und Schule verfügen bereits über umfangreiche Vorstellungen und Vorwissen zu einer Vielzahl an Themen. Leuchter et al. (2014) diskutieren in diesem Zusammenhang drei Beispiele aus dem naturwissenschaftlich-technischen Bereich: Hebel, Statik und potenzielle Energie (vgl. ebd., S. 117f.). Um diesbezügliche Vorstellungen und Vorerfahrungen weiterzuentwickeln, benötige es Unterrichtskonzepte, die den Lernprozess unterstützten. Dazu seien auch unterschiedliche Repräsentationsformen und Abstraktionsgrade wichtig, die variable Zugänge zu einem Lerngegenstand ermöglichen, denn „jede Idee, jedes Problem, jeder Wissensbereich kann in eine so einfache Gestalt gebracht werden, daß [sic!] jeder einzelne Schüler [sic!] sie in einer erkennbaren Form verstehen kann" (Bruner 1974, S. 48). Im Unterricht sollen daher verschiedene Repräsentationsebenen angesprochen werden, die nach Bruners Modell der Intelligenzentwicklung (1970) bedeutsam sind. Bruner (1974) unterscheidet dabei die enaktive, die ikonische und die symbolische Ebene, wobei bei der enaktiven Ebene Handlungen im Vordergrund stehen, bei der ikonischen erfolgt der Erkenntnisgewinn z.B. durch Abbildungen oder Grafiken und auf der symbolischen Ebene geht es um die Abstraktion z.B. durch die Verwendung formalisierter Sprache oder der Interpretation von Tabellen und Grafiken (vgl. ebd., S. 49).
Der Band von Adamina et al. (2018) zeigt an inhaltlichen Beispielen den Forschungsstand zu Schüler:innenvorstellungen in naturwissenschaftlich-technischen und gesellschaftswissenschaftlichen Bezügen auf. Von zahlreichen Autor:innen werden Ergebnisse aus der Vorstellungsforschung auf Gegenstände des vielperspektivischen Sachunterrichts bezogen und konzeptionell sowie didaktisch gewendet.

5.1.1 Kinderfragen berücksichtigen

Kinder können ihre Vorstellungen in Form von Kinderfragen verbalisieren: „Die Fragen der Kinder an die Welt sind hochinteressant, weil sie ein Fenster in die Kindheit hinein öffnen und wir etwas darüber erfahren, wie Kinder die Welt sehen und interpretieren, was sie interessiert und wovon sie mehr wissen wollen. Wir erkennen in den Kinderfragen Formen des Denkens und Nachdenkens, wir erhalten Angebote zum Gespräch und Dialog" (Duncker 2005, S. 13). Eine alle Schüler:innen einbeziehende fragende Haltung im Unterricht ist unerlässlich, damit Raum für kindliche Vorstellungen und Interessen, für echte Fragen gegeben wird. Ramseger (2010) erläutert dazu, dass Fragen helfen, eigene Präkonzepte zu überdenken. Dabei müsse die Frage nicht selbst von den Kindern kommen, sondern Lehrkräfte können selber auch Fragen einbringen (vgl. ebd., S. 6).
Boegner und Miller (2008) konstatieren, dass Kinder mit ihren Fragen nicht unbedingt Zielsetzungen im wissenschaftlichen Sinn verfolgen, allerdings können ihre Fragen als „Schlüssel zur Schülerpersönlichkeit" und „Spiegel des individuellen Lernprozesses" gesehen werden, da sie eigene Erfahrungen

bzw. das Vorwissen zu Phänomenen widerspiegeln und damit zentrale Anknüpfungspunkte des Lernens darstellen (vgl. Boegner & Miller 2008, S. 145). Auch Duncker (2005) spricht im Hinblick auf Kinderfragen von einem Zusammenhang zwischen Individualität und Interesse: „In den verschiedenen Fragen und Aufmerksamkeiten ist zu erkennen, wie sich Beschäftigungen wiederholen, wie sie sich variantenreich ausdifferenzieren und vertiefen und dadurch Interessen ausbilden" (Duncker 2005, S. 17). Interessen spielen gerade im Kontext von Lernmotivation eine bedeutsame Rolle (vgl. Schiefele 2000, S. 230) da Interesse erst die motivationalen Voraussetzungen schafft, um Bildung überhaupt zu ermöglichen (vgl. Hartinger & Fölling-Albers 2002, S. 93).
Boegner und Miller (2008) stellen weiterhin fest, dass bisher wenig darüber bekannt sei, wie Kinderfragen im Unterricht fachdidaktisch eingebettet werden könnten „und ob Wirkungen auf die Motivation, das Interesse, das Selbstkonzept und nicht zuletzt auf die fachlichen und methodischen Kompetenzen festzustellen sind" (ebd., S. 150f.).
Kinderfragen stellen allerdings wichtige Ausgangspunkte für inklusiven Sachunterricht dar und wie Kaiser und Seitz (2017) feststellen, soll „inklusiver Sachunterricht [...] stets situativ und kommunikativ gestaltet [sein]. Denn da die Kinderpersönlichkeiten einer Lerngruppe aktiv einbezogen werden, kommen immer wieder neue Fragen, Motivationsschwerpunkte oder Erfahrungen in den Fokus eines oder mehrerer Kinder" (Kaiser & Seitz 2017, S. 30).
Ziel ist es, die Fragen der Kinder aufzunehmen und weiter zu führen und zwar im Sinne eines „sinnstiftenden, dialogischen Unterrichts, der auch an zentrale Forderungen einer inklusionsorientierten Sachunterrichtsdidaktik anknüpft" (Simon & Simon 2019, S. 197). Es geht nicht darum, Kinderfragen nur als Ausgangspunkt sogenannter oder angeblicher Fehlvorstellungen zu diagnostizieren und sie im Sinne des *Conceptual Change* Ansatzes zu wissenschaftlichen Vorstellungen zu formen und weiterzuführen, sondern sie als Chance zu verstehen, im offenen Dialog mit den Kindern zu stehen: „Vielmehr sollte das mit ihr ausgedrückte Phänomen bzw. die Phänomenbegegnung mit ihrer subjektiven Bedeutsamkeit für das Kind wahrgenommen und geachtet werden – was letztlich nur im Dialog mit dem Kind stattfinden kann" (ebd., S. 198). Miller und Brinkmann (2011) betonen, dass ein Sachunterricht, der sich an Schüler:innenfragen orientiert, das Spannungsfeld von individuellem und gemeinsamen Lernen in eine Balance bringen kann, indem unterschiedliche Perspektiven auf einen Lerngegenstand ermöglicht werden können (vgl. Miller & Brinkmann 2011, S. 68).

5.1.2 Kinderzeichnungen einbeziehen

Die Erhebung der Lerner:innenvorstellungen im Sachunterricht wird auch durch Kinderzeichnungen unterstützt: „Zeichnungen von Schülerinnen und Schülern werden im Rahmen des Unterrichts zur Feststellung bzw. Überprüfung von Vorstellungen bzw. Präkonzepten einbezogen" (Gläser 2014, S. 108). Den theoretischen Bezugsrahmen stellen konstruktivistische Erkenntnistheorien von Lehr-Lern-Prozessen dar, denn mit Hilfe von

Kinderzeichnungen können unterschiedliche Erfahrungen, Gefühle, Vorstellungen und Ansichten visualisiert ausgedrückt werden (Kapitel 5.1). Reiß (2000) versteht unter einer Zeichnung „Produkte und Prozesse mit grafischem als auch mit malerischem Charakter" (ebd. 2000, S. 231) und betont „Kinderzeichnungen sind ein Schlüssel zum Denken und Fühlen eines Kindes" (ebd., S. 235) und damit ein wichtiges Ausdrucksmittel. Kaiser (2008c) spricht im Zusammenhang mit Zeichnungen von einem Veranschaulichungsmedium zum aktiven Auseinandersetzungsprozess mit Inhalten (vgl. ebd., S. 239). Im Anfangsunterricht, also in einer Entwicklungsstufe, in der sprachliche Ausdrucksmöglichkeiten noch wenig entwickelt seien, könne sie eine wichtige Methode darstellen. Im Hinblick auf die Heterogenität einer Lerngruppe können zeichnerische Ausdrucksformen bedeutsame Sprechanlässe im Unterricht liefern (z.B. im Rahmen eines Klassengesprächs) (vgl. ebd., S. 239). Biester (1991) unterstreicht die Bedeutung von Zeichnungen für den Sachunterricht, da durch das zeichnerische Darstellen die Vorstellungen „aktiviert, selektiert und verändert" werden (vgl. ebd., S. 90).
Auch in der Lehr-Lern-Forschung werden Kinderzeichnungen z.B. als Erhebungsinstrument einbezogen. Gläser (2014) unterscheidet „thematische Erzählbilder" mit einer offenen Fragestellung und „Funktionszeichnungen" (Sachzeichnungen) mit eng fokussierten Fragestellungen. In einer eigenen Studie zu Kindervorstellungen zum menschlichen Skelett zeigt Gläser (2014) die Möglichkeiten und Grenzen der Erhebungsmethode mit Hilfe von Kinderzeichnungen auf (vgl. ebd.) und resümiert, „dass bislang noch keine genuine forschungsmethodische Reflektion von Kinderzeichnungen aus fachdidaktischer Sicht erfolgt ist" (ebd. S. 113).
Am Unterrichtsgegenstand „Verdauung" diskutiert Baumgardt (2022) Chancen und Herausforderungen von Kinderzeichnungen als Erhebungsinstrument von Schüler:innenvorstellungen und stellt fest: „Dieses Potenzial von Kinderzeichnungen stellt gleichzeitig eine Herausforderung dar: Ähnliche Zeichnungen repräsentieren nicht zwangsläufig ähnliche Konzepte oder Vorstellungen der Kinder. Im Zusammenhang mit der Analyse von Lernvoraussetzungen ist daher sowohl auf der forschenden als auch auf der diagnostischen Ebene die kommunikative Validierung der Zeichnungen zwingend notwendig" (ebd., S. 326).
Dennoch kann festgehalten werden, dass das Einbringen von Kinderzeichnungen und die Kommunikation darüber auch im Anfangsunterricht Zugänge „zu den individuellen Vorstellungen, Emotionen und Überzeugungen – kurz zur Sicht des Kindes auf die Welt – eröffnen" (ebd., S. 328).

5.2 Kommunikation initiieren und fördern

Nach Pech & Kaiser (2004) spielt der Austausch unterschiedlicher Haltungen, Ansichten und Meinungen im Sachunterricht eine zentrale Rolle, denn „Bildung beinhaltet die Erhebung des Subjekts, seine Mündigkeit, die Fähigkeit der Selbstbestimmung und -gestaltung des eigenen Lebens und des Erhebens seiner Stimme im Ringen um das gesellschaftliche Zusammenleben" (ebd., S. 4).

Kaiser (2004b) versteht Kommunikation nicht nur als Nebenprodukt im Unterricht, sondern hält es „für die Kernidee für einen produktiven Sachunterricht“ (ebd., S. 48f.), und entwickelt daraus den kommunikativ-handlungsorientierten Sachunterricht (vgl. ebd.). Laut diesem müssten hierarchisch geprägte Lehr-Lern-Traditionen sowohl im Unterricht zu naturwissenschaftlich-technischen als auch zu gesellschafts-wissenschaftlichen Phänomenen zugunsten einer durch wechselseitige Kommunikation und Interaktion bestimmten demokratischen Unterrichtsgestaltung aufgebrochen werden. Zentral hierbei ist es, die Schüler:innen zu befähigen und dabei das Lernen von- und miteinander in den Mittelpunkt des Unterrichts zu rücken. Mit dem Konzept eines solchen kommunikativ-handlungsorientierten Sachunterrichts sind anspruchsvolle Qualitätskriterien verbunden: Es gehe um Demokratie und den kommunikativen Austausch über Interessen, Informationen, Ansichten und Meinungen, um die Fähigkeit, Toleranz in heterogenen und inklusiven Lerngruppen zu entwickeln und es geht um die durch Sprache gestützte Transformation von Alltagserfahrungen, Erlebnissen und Vorstellungen zu einem Phänomen in einen Bildungsinhalt. Wichtig sei auch das Aushalten verschiedener Meinungen und Perspektiven und somit das Entwickeln von Toleranz. Es gehe aber auch darum, dass Kinder von anderen Kindern lernen, um die Initiierung und Systematisierung dieses Austausches und darum, scheinbare Tatsachen und Verhältnisse nicht affirmativ hinzunehmen, sondern durch einen kritischen, analytischen Blick auf Phänomene diskursiv neue (Be-)Deutungen und Bewertungen zu erarbeiten. Ein solcher Sachunterricht sollte in Teilen unvorhersehbar und auf der Ebene des Unterrichtsverlaufs ergebnisoffen bleiben und ausgehend von Interessen der Kinder verschiedene Zugangsweisen ermöglichen (vgl. Kaiser 2004b, S. 49; vgl. Kaiser 2013, S. 17f.).

In der Herausgeberschaft von Becher et al. (2013a) sind zahlreiche Beispiele dargestellt, wie kommunikativer Sachunterricht umgesetzt werden könne. Becher (2013b) beispielsweise nutzt Gespräche, um über Lebensgeschichten im Rahmen der Erarbeitung von Holocaust und Nationalsozialismus zu sprechen. Seitz (2013) beschreibt, wie Kommunikation in einem inklusiven Sachunterricht gelingen kann. Gezeigt wird, welches Potenzial ein kommunikativer Sachunterricht aufzeigen kann, wenn Kommunikation als Prinzip entlang der von Kaiser (2004b) beschriebenen Qualitätskriterien entspricht und nicht Kommunikation ohne Orientierung eingesetzt wird.

In einer Untersuchung, bei der Bruner (1980) rund 10.000 Unterrichtsstunden in der Grundschule beobachtete, waren lediglich 20 Prozent der Kontakte zwischen Lehrkraft und Kind wirkliche Gespräche, die meisten Gespräche betrafen Fragen der Schulroutine (vgl. Bruner 1980, zit. in: Delfos 2015, S. 87). Delfos (2015) stellt dar, dass bei Interviews zwischen Erwachsenen und Kindern die meisten der Äußerungen von den beteiligten Erwachsenen stammen, daher seien gute Kommunikationsbedingungen notwendig wie z.B. dieselbe (Augen-)Höhe einnehmen, Kinder beim Gespräch anschauen, eine gute Atmosphäre schaffen, gut zuhören, Kinder ermutigen usw. (vgl. ebd., S. 98 ff.).

5.2.1 Nachdenkgesprächen Raum geben

Ein weiterer Weg, um die Kommunikation im Unterricht zu fördern, ist das Nachdenk- oder philosophische Gespräch. Das Philosophieren mit Kindern kann mit Hilfe unterschiedlicher Methoden durchgeführt werden: Durch begriffliches Arbeiten, indem z.B. die individuellen Bedeutungen von Begriffen diskutiert werden, die für jeden Menschen eine unterschiedliche Bedeutung haben (z.B. Glück), durch das Begründen von Meinungen, durch sokratische Gespräche oder durch Gedankenexperimente im Sinne von „Was wäre, wenn …? (vgl. Brüning 2010, S. 24ff.).
Auch im Zusammenhang mit dem Ansatz des Philosophierens mit Kindern, kommen Kinderfragen und bewusster Kommunikation im Unterricht eine besondere Bedeutsamkeit zu. Laut Duncker (2005) sei im Fragen der „Ursprung von Bildung" sichtbar, ohne Fragen gäbe es keine Bildungsprozesse. Daher sei das „Fragen lehren" ein Kernstück des Philosophierens mit Kindern (vgl. ebd., S. 13ff.).
Michalik (2015a) stellt dar, dass das Philosophieren als ein Unterrichtsprinzip in allen Fächern angewendet werden könne. Dieses gehe von den Fragen der Kinder aus, die Entwicklung einer Fragehaltung im Unterricht sei daher unbedingte Voraussetzung. Bei diesen Überlegungen geht es nicht um die Einführung neuer Inhalte, sondern vielmehr um neue Zugänge zu dem Inhalt. Die Fragen der Kinder können die im Unterricht häufig dominierenden Lehrer:innenfragen ersetzen und Ausgangspunkt für lerner:innenaktive philosophische Unterrichtsgespräche sein. Michalik (2015a) sieht „das Philosophieren mit Kindern und Jugendlichen als Unterrichtsprinzip […] als einen didaktischen Ansatz, um den Fragen von Schülerinnen und Schülern und dem darin zum Ausdruck kommenden Sinnverlangen zu ihrem Recht zu verhelfen" (ebd., S. 182). Zentral sei, dass es bei einem Gespräch nicht um einen geschlossenen Verlauf gehe, den die Lehrkräfte durch vorgegebene Fragen und zu erwartende Antworten strukturieren. Vielmehr geht es um einen ergebnisoffenen Gesprächsverlauf, in dem es keine richtigen oder falschen Antworten gibt. Ein Beispiel für ein solches Gespräch seien z.B. Fragen zur Schöpfungsgeschichte und Evolutionstheorie bzw. wie man beide Perspektiven zusammenbringe (vgl. ebd. S, 183). In dem im zweiten Teil des vorliegenden Buches aufgeführten Praxisbeispiel entbrennt genau diese Diskussion unter den Kindern. Sie überlegen laut, widersprechen einander, hören einander zu und erfahren dadurch, dass Unterrichtsinhalte selbst fragwürdig und uneindeutig oder sogar rätselhaft sind.
In der Tradition des Philosophierens mit Kindern zeigen sich weitere Ausprägungen von kommunikativem Sachunterricht wie z.B. Nachdenkgespräche, bei denen Kinderfragen aufgegriffen werden (vgl. Michalik 2015b; vgl. Rohen 2020, S. 122ff.). Hierbei geht es einerseits um „die Erhebung von Voraussetzungen und Vorstellung der Lernenden durch gemeinsames Nachdenken über die Welt, andererseits [um] die Weiterentwicklung einer fragenden Haltung, die dafür sorgt, dass Kinder Phänomenen, denen sie begegnen, auf den Grund gehen wollen und lernen, gezielte und weiterführende Fragen zu stellen" (Wulfmeyer 2020, S. 47). Michalik (2015b) hat in einer Studie kindliche Entwicklungsprozesse beim Philosophieren mit Kindern untersucht und dabei festgestellt, dass die

Fähigkeit, eine andere Perspektive einzunehmen, durch philosophische Gespräche gefördert und gefordert werde. Weiterhin werde das vernetzte und komplexe Denken angeregt sowie der sprachliche Ausdruck differenzierter und umfangreicher (vgl. ebd., S. 189ff.).
Bei all diesen Ansätzen wird deutlich, dass für den Bildungserfolg von Schüler:innen die Förderung von Bildungssprache von besonderer Bedeutsamkeit ist. Bildungssprache unterscheidet sich von Alltagssprache und meint nach Gogolin & Lange (2011) einen bestimmten Ausschnitt sprachlicher Kompetenz: „Gemeint ist ein formelles Sprachregister, d.h. eine Art und Weise Sprache zu verwenden, die bestimmte formale Anforderungen beachtet. Sehr grob charakterisiert, kann man sagen, dass Bildungssprache auch dann, wenn sie im Mündlichen vorkommt, an den Regeln des Schriftsprachgebrauchs orientiert ist“ (ebd. S., 111). Bildungssprachliche Kompetenzen sind Grundlage für Bildungserfolg, der Sachunterricht sei der geeignete Ort dafür, diese Kompetenzen zu fördern. Verschiedene Ansätze und Studien belegen, dass es im Sachunterricht genügend Anlässe zur Sprachbildung und Sprachförderung gibt, insbesondere beim naturwissenschaftlichen Experimentieren (vgl. Gadow, 2016; vgl. Rank et al., 2016).
Im Unterricht herrschen allerdings nicht selten Kommunikationsformen vor, die weder für die Sprach-, noch für die Denkentwicklung besonders förderlich sind wie z.B. ein Unterricht, der auf geschlossene Fragen und damit auch an eindeutigen Antworten hin orientiert ist. Das philosophische oder Nachdenkgespräch steht in Kontrast zu diesen eher schlichten und eindimensionalen Sprachanlässen, denn hier geht es um „komplexe Inhalte, die offen sind für verschiedene Interpretationen und Antwortmöglichkeiten“ (Alt & Michalik 2021, S. 82). Verschiedene Untersuchungen zeigen auf, dass das Philosophieren im Unterricht die Sprachentwicklung von Kindern fördern kann. So zeigt die Untersuchung von Alt & Michalik (2021), dass auch hier komplexe Sprachhandlungen durch philosophische Gespräche gefördert werden konnten. Dazu wurden im Rahmen philosophischer Gespräche die Länge der Gesprächsinhalte, der Anteil jeweils einfacher und komplexer Sprachhandlungen sowie komplexe Verbstellungen und Verbformen und die Nutzung des Konjunktivs und der Konnektoren in zwei Klassen mit korrespondierenden Kontrollgruppen ermittelt. Die Ergebnisse zeigten, dass die Schüler:innen in den philosophischen Gesprächen längere Redebeiträge, komplexere Sprachhandlungen, komplexere Verbformen und eine häufigere Nutzung des Konjunktivs und Konnektoren auf höherem Niveau formulierten (vgl. ebd., S. 85ff.). Koch et al. (2021) zeigen mit ihrer Studie auf, dass durch philosophische Gespräche auch bildungssprachliche Kompetenzen gefördert werden können.

5.2.2 Bilderbücher – sprachfördernd und fächerübergreifend

Da auch der Sachunterricht maßgeblich vom Medium Sprache profitiert, bietet sich zum Einbezug kindlicher Vorstellungen und zur Stärkung von Kommunikation der Einsatz von Bilderbüchern an, da durch das Vorlesen von (Bilder)büchern und das Sprechen über dort thematisierte Phänomene Bildungssprache integriert und sprachliche Kompetenzen gefördert werden

können. So zeigen Untersuchungen, dass Kindern, denen in ihrer Kindheit regelmäßig vorgelesen wurde, später eher selbst zum Buch greifen und es zeigen sich Effekte auf den Wortschatz und auf morphologisch-syntaktische Fähigkeiten, sodass Vorlesen und späterer Schulerfolg offenbar eng korrelieren (vgl. Stiftung Lesen 2015; vgl. Alt 2017, S. 5f.). In Untersuchungen zeigt sich weiterhin ein Zusammenhang zwischen der Häufigkeit des Vorlesens und der Entwicklung emotionaler Stärke und sozialer Kompetenz und die Kinder sind insgesamt offener und vielseitig interessiert (vgl. Stiftung Lesen 2015).
Hollstein & Sonnenmoser (2006) definieren „Bilderbuch" als ein Buch, „in dem die Bilder im Vergleich zum Text überwiegen, mindestens aber dem Text quantitativ gleichgestellt sind. Dabei spielt eine entscheidende Rolle, dass die Bilder eine über das reine Illustrieren hinausgehende narrative Funktion wahrnehmen" (ebd., S. 1). Bei den meisten Bilderbüchern gehen „Text und Illustration eine „Symbiose" ein" (ebd.). Hinsichtlich der Beurteilung von Bilderbüchern kommen unterschiedliche Kriterien zum Tragen wie z.B. Inhalt, Gestaltung (Illustration, Sprache, Verhältnis von Bild und Text, typographische Gestaltung) und Erzählweise (vgl. ebd., S. 30 ff.). Gerade (aber nicht nur) im Anfangsunterricht können Bilderbücher dabei unterstützen, „Kindern ihre Lebenswelt durchschaubar zu machen" (ebd., S. 163), z.B. auch bei komplexen Inhalten wie Klimawandel (vgl. Hollerweger 2020). Hollstein & Sonnenmoser (2006) verdeutlichen, dass Bilderbücher bzw. deren Illustrationen nur ein Abbild der Wirklichkeit seien. Verfälschten Wirklichkeitsvorstellungen müsse durch ein „vielfältiges, ergänzendes und alternatives Bildangebot" vorgebeugt und entgegengewirkt werden (ebd., S. 164). Verfälschungen sind z.B. dann problematisch, wenn Tieren menschliche Eigenschaften zugewiesen werden, die dann zu möglichen Fehlvorstellungen bei Kindern führen können (z.B. Regenwürmer mit Gesichtern und Bekleidung).

5.3 Motivation fördern

(Lern-)Motivation spielt vor allem im Zusammenhang mit der Entwicklung eigener Interessen eine bedeutsame Rolle (vgl. Schiefele 2000, S. 230), da Interesse erst die motivationalen Voraussetzungen schafft, um Bildung überhaupt zu ermöglichen (vgl. Hartinger & Fölling-Albers 2002, S. 93). Kaiser schreibt (2008a): „Es gilt schon zu Beginn der Schulzeit Lernfreude zu stabilisieren, um eine motivationale Grundlage für langfristige Lernprozesse zu legen" (ebd., S. 158).
Im Zusammenhang mit Motivation wird gemeinhin zwischen intrinsischer und extrinsischer Motivation unterschieden, d.h. es erfolgt eine Unterscheidung zwischen ‚äußeren' und ‚inneren' Anregungsfaktoren der Motivation. Eine intrinsisch motivierte Lernhandlung ist jedoch nicht allein das Resultat eines Anreizes an dem Interessengegenstand, sondern es spielen auch entwicklungs- und persönlichkeitstheoretische Überlegungen eine große Rolle (vgl. Krapp 1999, S. 400). So existieren nach der Selbstbestimmungstheorie von Deci und Ryan (1985) drei grundlegende psychologische Bedürfnisse: Das Streben nach sozialer Zugehörigkeit, nach Kompetenz und nach Autonomie. Das Streben nach Autonomie

beispielsweise wird anhand des Selbstbestimmungskontinuums von Deci und Ryan (2000, S. 237) erklärt, in dem sich Motivationsausprägungen im Spektrum von Amotivation (nicht reguliert wie z.B. dösen, herumlungern) über extrinsische Motivation (äußere Anregungsfaktoren (externale Regulation) wie Hausaufgaben machen, weil es die Eltern oder die Schule verlangen) bis zu autonomer Kontrolle (intrinsische Motivation), bei der sich eine Person frei von Zwängen für eine Tätigkeit begeistert, die Spaß macht (Interesse), wobei in Bezug auf Schule Schüler:innen sowohl schulfachbezogene Interessen als auch außerschulische Interessen aufweisen und entwickeln können. Allerdings erläutert Ziechmann (2008), dass „bei der Betrachtung von LM [Lernmotivation] im alltäglichen Leben [...] nur unter erschwerten Umständen erkannt werden [kann], was intrinsische od. [sic!] extrinsische Motivation ist" (ebd., S. 127).

Im Zusammenhang mit Motivation taucht auch der Begriff des *flow*-Gefühls auf. Als *flow*, also einem Gefühl des „Fließens", bezeichnet Csikszentmihályi (2000) „das holistische Gefühl bei völligem Aufgehen in einer Tätigkeit" (ebd., S. 58f.). Es handelt sich um autotelisch motivierte Aktivitäten, d.h. Aktivitäten, die von einer Person eigenmotiviert ohne die Aussicht auf eine Belohnung durchgeführt werden (von griechisch: *auto* = selbst und *telos* = Ziel) (vgl. ebd., S. 30).

Flow-Aktivitäten geben Möglichkeiten zu Handlungen, die weder Angst noch Langeweile verursachen. Dies verdeutlicht Csikszentmihályi (2000) anhand eines Modells (Abb. 1):

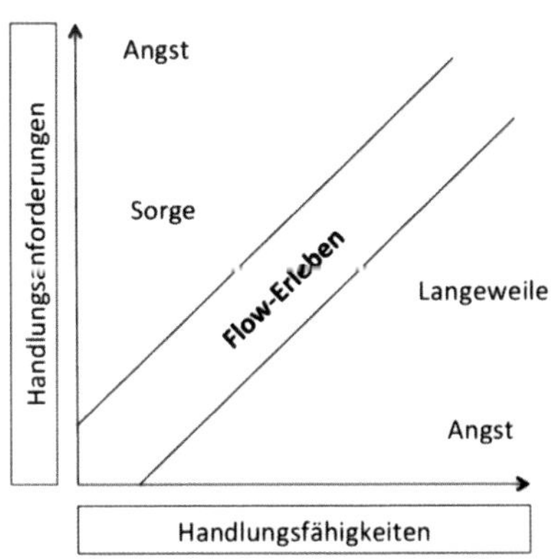

Abb. 1: Modell des Flow-Erlebens (nach Csikszentmihályi 2000, S. 75; Rohen & Wulfmeyer 2021, S. 33)

Wird eine Person mit einer Anforderung konfrontiert, die als schwierig eingeschätzt wird, also die die eigenen Fähigkeiten übersteigt, so kann die Anforderung zumindest mit Sorge und auf einem höheren Niveau schließlich mit Angst betrachtet werden. Liegen andererseits die eigenen Fähigkeiten höher als die Anforderungen, ergibt sich möglicherweise Langeweile, die bei zu starker Ausprägung Angst verursachen kann. *Flow* wird dann erlebt, wenn ein Gleichgewicht zwischen Anforderungen und eigenen Fähigkeiten besteht: „Daraus ergibt sich, daß [sic!] es sich bei *flow*-Aktivitäten um solche

handelt, die im Verhältnis zu den Fähigkeiten optimale Herausforderungen bieten" (ebd., S. 76).
Bezogen auf (Sach-)Unterricht könnte dieses Modell folgendermaßen übertragen werden (Abb. 2):

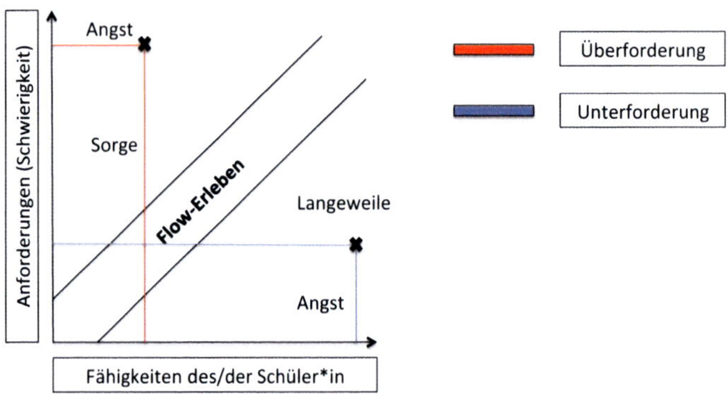

Abb. 2: Flow-Erleben bezogen auf Unterricht (nach Csikszentmihályi 2000, S. 75; Rohen & Wulfmeyer 2021, S. 34)

Anhand des Modells lässt sich gut nachvollziehen, dass in Unterrichtssettings, in denen wie im Anfangsunterricht eine große Bandbreite von heterogenen Lernvoraussetzungen zu beobachten ist, Kinder über- oder unterfordert werden können, wenn die Anforderungen nicht passend sind bzw. die Aufgabenstellungen zu homogen sind. Die Folge kann schließlich sowohl Über- als auch Unterforderung sein (vgl. Rohen & Wulfmeyer 2021, S. 33f.).

5.4 Thematische Vielfalt vielperspektivisch ermöglichen

Die Sachunterrichtsinhalte, die Ilse Lichtenstein-Rother 1969 für den Anfangsunterricht beschreibt, richten sich u.a. nach den Lebensbezügen der Kinder der damaligen Zeit. Dies umfasst die Inhalte ‚Familie, Tageslauf, Kinderspiel' (z.B. die Wohnung), ‚Einzeldinge, einfache Vorgänge und Geräte' (z.B. die Kerze), ‚Der Bereich der Natur' (z.B. der Star), ‚Menschen bei ihrer Arbeit' (z.B. Schumacher) und ‚Das Heimischwerden im geistigen Raum' (z.B. Märchen). In Bezug auf den Inhalt „Einzeldinge, einfache Vorgänge und Geräte" argumentiert Lichtenstein-Rother, dass sich eine sachunterrichtliche Auseinandersetzung nicht immer über eine längere Zeit erstrecken muss, sondern dass sich auch einzelne Dinge oder isolierte Vorgänge betrachten lassen, z.B. aus aktuellen Anlässen (vgl. ebd. S. 187). Sie argumentiert hier also mit einem monoperspektivischen Zugang zu einem Inhalt. Kaiser (2008a) argumentiert, dass Lerninhalte mehr seien als „bloße Unterstützung bei der Alltagsbewältigung" (ebd., S. 160) und spricht sich daher für anspruchsvolle Inhalte aus. Da der Sachunterricht ein vielperspektivisches Fach ist, soll zudem eine Vernetzung von Perspektiven ermöglicht werden, auch wenn im Perspektivrahmen der Gesellschaft für

Didaktik des Sachunterrichts (2013) perspektivbezogene Inhalte formuliert werden.

5.4.1 Naturwissenschaftlich-technisches Lernen im Anfangsunterricht

Ähnlich aufrüttelnd wie der Sputnikschock von 1957, sorgten im Jahr 2000 die ungenügenden Ergebnisse der internationalen Vergleichsstudie PISA (Baumert et al. 2000) für Entsetzen in der Bildungslandschaft. Die Folgen waren vielfältig; Beispiele sind die Initiierung umfangreicher Bildungsbemühungen für den Elementarbereich und eine deutliche Schwerpunktlegung auf den sogenannten MINT-Bereich (Mathematik, Informatik, Naturwissenschaften, Technik) und auf naturwissenschaftliche Grundbildung.
Bei ihrer Darstellung verschiedener didaktischer Ansätze für die naturwissenschaftliche Grundbildung im Elementarbereich stellt Michalik (2010) fest, dass sich dabei zwei grundsätzliche Bildungskonzeptionen gegenüberstehen: „Bildung durch Ko-Konstruktion und Bildung als Selbstbildung“ oder zugespitzt: „angeleitetes Experimentieren vs. offen, spielerische und selbstbestimmte Formen der Auseinandersetzung mit Naturphänomenen“ (ebd., S. 95). Als Beispiel für angeleitete Konzepte gilt gemeinhin der Ansatz von Lück, der als „Angebotspädagogik mit instruktiven Elementen“ (Michalik 2010, S. 95ff.) zu verstehen ist. Mit Hilfe des Ansatzes des ‚Storytelling‘ werden die Kinder in einem vorstrukturierten methodischen Ablauf zum Experiment hingeführt, im Verlauf wird eine Frage- oder Problemstellung aufgeworfen. Kindgerechte Deutungen bzw. Erklärungen von Experimenten unter Nutzung von Analogien und Animismen sind hierbei zentral (vgl. Lück 2003). Ein weiterer Ansatz früher naturwissenschaftlicher Bildung als Ko-Konstruktion von Wissen stammt von Fthenakis (2009) mit seinem Konzept „Natur-Wissen-schaffen“. Im Rahmen dieses Ansatzes werden Inhalte der belebten und unbelebten Natur sowie Kompetenzen für wissenschaftliches Denken und Handeln vermittelt, entscheidend sei im Sinne der Ko-Konstruktion vor allem die Interaktion zwischen Fachkraft und Kind. Im Ansatz von Fthenakis gehe es um mehr Raum für Eigeninitiative und Ideen der Kinder als in dem Ansatz von Lück, ein wichtiges Element sei hier jedoch auch die Erklärung der Phänomene (vgl. Michalik 2010, S. 97).
Ansätze zum angeleiteten Experimentieren werden oft kritisch diskutiert, z.B. als bloßes Nachvollziehen von „Tischexperimenten“: „Wenn Kinder auf eine Versuchsanordnung treffen, die ein Versuchsleiter [sic!] inszeniert hat, um den Kindern längst bekannte Gesetze zu demonstrieren, bleiben auch sie „am Rande“. Sie sind Handlanger, auch wenn sie scheinbar „mitspielen“, hands-on. Wie in einer Theateraufführung hat ein anderer die Dramaturgie erdacht“ (Elschenbroich 2005, S. 129). Aus lernpsychologischer Sicht wird stellenweise angezweifelt, ob Kinder im Vorschulalter überhaupt die kognitiven Voraussetzungen haben, naturwissenschaftliche Phänomene zu verstehen: „Warum sich Gummibärchen in Wasser auflösen oder warum Eis auf dem Wasser schwimmt, können Vorschulkinder noch nicht verstehen […]. Die Kinder übernehmen unverstandene Erklärungen und können „klug

daherreden", solange man ihnen nicht auf den Zahn fühlt, haben aber nicht wirklich etwas verstanden" (Stern 2003b, S. 24).
Lück & Risch (2007) argumentieren trotz aller Kritik, dass gerade der Elementarbereich die beste Zeit sei, um Kinder an Naturphänomene heranzuführen. In einer eigenen Untersuchung konnten Lück & Risch große Akzeptanz gegenüber naturwissenschaftlichen Bildungsangeboten generell sowie Optimismus bezüglich der kindlichen Erinnerungsfähigkeit an Experimente und die Langzeitwirkung früher naturwissenschaftlicher Angebote aufzeigen (vgl. ebd., S. 81). Weitere Argumente für frühe naturwissenschaftliche Bildung sieht Lück in intuitiven Zugängen zu naturwissenschaftlichem Wissen bereits bei sehr jungen Kindern, was Beobachtungen aus der Säuglingsforschung und Erkenntnisse aus der Entwicklungspsychologie stützen (vgl. Lück 2003).
Lück & Risch (2007) konstatieren für den Anfangsunterricht, dass „eine nahtlose Anknüpfung an die ersten experimentellen Erfahrungen aus dem Elementarbereich […] besonders wichtig [ist], um ein anschlußfähiges [sic!] Wissen aufzubauen und dadurch ein tiefes Verständnis für die unbelebte Natur und die Deutung von Phänomenen zu entwickeln" (ebd., S. 84). Allerdings sei der Anteil an Unterrichtsinhalten der unbelebten Natur im Sachunterricht des Anfangsunterrichts eher unterrepräsentiert (vgl. ebd., S. 84). Lück & Risch (2007) fassen die Rahmenbedingungen für Experimente im Anfangsunterricht wie folgt zusammen: Experimente sollen u.a. ungefährlich und sicher sein, mit Hilfe von Alltagsmaterialien durchgeführt werden, auf Inhalte aus dem Elementarbereich aufbauen, die Eigenaktivität im Vordergrund stellen, eine naturwissenschaftliche Deutung ermöglichen und produktorientiert sein (vgl. ebd., S. 90). Weiterhin fördere das Experimentieren die Sprachförderung (vgl. Lück 2003).
Kaiser & Dreber (2010) haben in einer Studie untersucht, inwieweit Kinder im Vorschulalter bereits zu Erklärungen naturwissenschaftlicher Phänomene, zu Hypothesenformulierungen, zu Ideenentwicklungen, zu richtigen Lösungsansatzfindungen und interaktiven Handlungen in der Lage sind. Zentral bei dieser Untersuchung waren das Ansetzen an der kindlichen Motivation, die Eigenaktivität des kindlichen Lernens, eine kindgerechte Sprache sowie kindgerechte Versuche mit entsprechenden Alltagsmaterialien. Zudem wurden Grundsätze des sokratischen Gesprächs mit einbezogen (vgl. ebd., S. 81f.): „den Fragen der Kinder zuhören, genaues Hinschauen anregen und Fördern, Zeit lassen beim Nachdenken, nicht Antworten, sondern Impulse zum Denken bieten [und] auf alternative Lösungen und Sichtweisen hin orientieren" (ebd., S. 82). Mit Hilfe quantitativer und qualitativer Verfahren konnte gezeigt werden, dass eine Kompetenzentwicklung in Bezug auf die oben genannten Variablen nachgewiesen werden konnte: „Die qualitativen Daten zeigen, dass Kinder im Vorschulalter mit Neugier und Interesse an naturwissenschaftliche Fragen herangehen und dabei typisch naturwissenschaftliche Verhaltensweisen wie Hypothesen aufstellen oder Ideen entwickeln im Verlaufe des Experimentalprogramms zunehmend – auch auf höherem Niveau – entwickeln" (ebd., S. 91). Auch Windt (2010) konnte in ihrer Untersuchung zeigen, dass Vorschulkinder durch das naturwissenschaftliche Experimentieren einen deutlichen Wissenszuwachs erhalten (vgl. ebd., S. 186 f.).

Im Kontrast und in Ergänzung zum angeleiteten Experimentieren existieren didaktische Konzepte, die die Erfahrungen und Selbstbildungsprozesse der Kinder ins Zentrum stellen (vgl. Michalik 2010, S. 98). Das Konzept von Schäfer beispielsweise sieht vor, dass in den frühen Lebensjahren keine Einführung in wissenschaftliche Denk- und Arbeitsweisen z.B. in Form von Experimenten erfolgen solle, sondern dass es erst um ganzheitliche Erfahrungen mit der Natur gehe (vgl. Rohen-Bullerdiek 2012, 8ff.; vgl. ebd., S. 99). Schäfer (2007) vertritt die Auffassung, dass es nicht genüge, „gegen Ende der Kindergartenzeit so etwas wie eine auf kleine Kinder zugeschnittene Naturwissenschaft, z.B. über kindgerechte Experimente, in den Kindertagesstätten einzubringen", vielmehr müsse der Zugang zu naturwissenschaftlichen Phänomenen von den Alltagserfahrungen der Kinder erschlossen werden, d.h. Kinder müssen zunächst grundlegende Erfahrungen mit Phänomenen der belebten und unbelebten Natur sammeln können, was Konsequenzen für das pädagogische Handeln nach sich zieht (ebd, S. 151f.) und führt weiter aus, dass es in den frühen Jahren noch nicht um naturwissenschaftliche Denk- und Arbeitsweisen gehe (vgl. ebd., S. 144). Der Autor ist der Auffassung, dass sich ein Interesse an der Natur erst entwickeln kann, wenn man sie unmittelbar kennengelernt hat: Vor einer wissenschaftlichen Auseinandersetzung mit der Natur plädiert er für ein intensives Kennenlernen, das Motivation erzeugt: „Um zu begreifen, wie Wolken entstehen, ist es nicht unbedingt notwendig, mit einem Kondensversuch zu beginnen, vielmehr braucht man Erfahrungen in Alltagsphänomenen, in denen Wasser kondensiert: z.B. beschlagene Fensterscheiben, dampfende Kochtöpfe, Nebel auf den Straßen oder Wolken, durch die man in den Bergen oder mit dem Flugzeug getaucht ist. Der Kondensversuch macht dann die Zusammenhänge klar, die diese Phänomene aus der Alltagserfahrung miteinander zu einer Theorie der Wolkenbildung verbinden" (Schäfer 2007, S. 146ff.).
Nach Schäfer geht es demnach keineswegs darum, auf Experimente im wissenschaftlichen Sinne zu verzichten, vielmehr steht das Experimentieren an einer anderen Stelle, nämlich eher am Ende des kindlichen Erfahrungswegs, aufbauend auf einem umfangreichen Erfahrungswissen von Kindern (vgl. Schäfer, 2007, S. 153). Zudem spricht Schäfer (2017, S. 35) sich dagegen aus, Naturwissenschaften zu „vermitteln", d.h. mit Hilfe z.B. biologischer, physikalischer oder chemischer Sachlogik Lehr- und Lernprozesse zu organisieren: „Das Fach gibt die logischen Schritte für den Lernprozess vor, die Entwicklungspsychologie klärt dann einige Punkte, die dabei zu berücksichtigen sind" (Schäfer, 2017, S. 36). Dies erfordere kindgemäße Settings in Form von Laboren, in denen Kinder ‚Forscherinnen und Forscher' werden, allerdings erforschen Kinder nicht die Welt, sondern Schäfer bezeichnet das, was Kinder tun als Exploration (vgl. Schäfer, 2017, S. 38f.). Explorieren bedeutet im Gegensatz zum Forschen, dass Kinder z.B. im Alltagskontext explorieren, also nicht vorgefertigte Dinge oder Abläufe benötigen, und dass das Explorieren unsystematisch entlang der kindlichen Erfahrungen erfolgt. Daher werden auch keine speziellen ‚Labormaterialien' benötigt, sondern Werkzeuge und Materialien, die sie bereits aus dem Alltag kennen oder die sich situativ ergeben. Im Gegensatz zum Forschen gibt es beim Explorieren auch keine Einschränkungen aus methodischen Gründen,

die sich jedoch zwangsläufig ergeben, wenn Versuchsabläufe vorgegeben und systematisiert sind (vgl. Rohen 2018, S. 18).
Ein weiterer Ansatz ist das „Freie Explorieren und Experimentieren (FEE) von Köster, die dieses Konzept an Wagenscheins Ansatz einer sogenannten ‚anderen Physik‘ anlehnt (Wagenschein 1997). Diese „Physik“ [...] scheint das Kind als Individuum, als Konstrukteur seiner Wirklichkeit anzusprechen. Sie fördert die Fähigkeit zur eigenen Konstruktion der Welt, aber auch zur interindividuellen Auseinandersetzung mit Naturereignissen und Phänomenen“ (Köster 2008, S. 198). Wagenschein (1997) gibt dazu mehrere Beispiele, eines sei hier genannt: „Molkerei. Die Frau mit dem zweijährigen Kind, die vor mir dran war, ist fertig. Aber das Kind will nicht weg. Die kleinen Hände liegen auf der Thekenkante, und es guckt auf meine Plastikflasche, die von der Verkäuferin schon mit Milch aus der Glasflasche gefüllt wird. Es blickt gespannt. „Was guckst du denn?“ fragt die Mutter verwundert. Wird sie das Kind abreißen und mitschleppen? Aber sie ist eine gute Mutter, auch da, wo sie vielleicht nicht versteht. Das Kind ist „ganz weg“. Es läßt kein Auge von der hochgehaltenen, sich langsam mit der weißen Milch füllenden Flasche. Erst wie sie überläuft, ist auch das Kind gefüllt und löst sich von der Theke ab, zufrieden, wie eine reife Frucht, und trottet mit der Mutter hinaus, bereit zu Neuem. Was hat es nun gesehen in seiner tiefen, tiefen Aufmerksamkeit? Daß das hinüberfließt? Wie man aufpassen muss, das nichts danebengeht? Langsam die gießende Hand neigen, die andere ruhig halten, immer draufschauen? Und die Flasche ist durchsichtig: wie sie da steigt, die weiße Milch! Und gerade wie sie voll ist, wird die andere leer. Fertig aus! Das ist in Ordnung, wird das Kind gedacht haben. Wieder etwas, was stimmt. Sehen wir weiter“ (ebd., S. 22). Köster (2008) schreibt, wenn von einer anderen Physik die Rede sei, dann seien Prozesse gemeint, die Erfahrungen und Erkenntnisse über die physische Welt enthielte (vgl. ebd., S. 199).
Beim Freien Explorieren und Experimentieren stehe der explorative Umgang mit Naturphänomenen im Vordergrund und nicht der Erwerb fachlicher Kenntnisse. Das ‚Konzept zur Förderung der Selbstbildung durch Phänomene‘ sieht das Kind mit den Fragen und Interessen im Mittelpunkt, „Neugierde, Staunen und Freude der Kinder [sind] Ausgangspunkt und Motivation für ein zunächst eher unspezifisches, ungerichtetes Wahrnehmen und Manipulieren von Dingen“ (Michalik 2010, S. 101). Das ‚undidaktisierte‘ Explorieren sei im Mittelpunkt und nicht das Experimentieren, bei der es um die Beantwortung einer Fragestellung gehe: „Es gehe dabei um das Wahrnehmen, Probieren, Versuchen, Kennen lernen, Erforschen, Untersuchen und Erkunden von Dingen und Erscheinungen in der Umwelt“ (Köster 2008, S. 202f.). „Frei“ sei es deshalb, weil es selbstbestimmt ist; die Kinder werden durch Neugier und Interesse getrieben, das freie Explorieren kann so zum Experimentieren erweitert werden (vgl. Köster 2008, S. 202f.).
Rauterberg (2013) unterscheidet in seinem Beitrag zur Naturbildung in der Frühpädagogik zwischen Welterkundung innerhalb und außerhalb institutioneller Bildungsorte. Das ‚private‘, welterkundende Kind beobachtet seine Umwelt aktiv und selbstgesteuert und orientiert sich dabei nicht an die Regeln Erwachsener bzw. der fachlichen Welt. Im Gegensatz dazu wird ein Kind innerhalb einer Bildungsinstitution angeleitet, in den Konzeptionen

werde vorgegeben, was Gegenstand der Erkundung sein soll (vgl. ebd., S. 35ff.). Rauterberg (2013) unterscheidet hierbei ‚Naturwissenschaften und Instruktion' wie z.B. bei dem Ansatz von Lück (2003) und Ansätze der ‚Selbstbildung und Naturwissen' (vgl. Schäfer 2007). In Bezug auf instruktive Ansätze kritisiert Rauterberg (2013): „Inwieweit Kinder beim instruierten naturwissenschaftlichen Welterkunden die intendierten naturwissenschaftlichen Methoden und Kenntnisse erwerben („naturwissenschaftliche Grundkenntnisse") bleibt dahingestellt. [...] KritikerInnen [sic!] merken an, dass mit dieser Didaktik des Welterkundens eher eine wissenschaftliche Haltung – des Staunens, Fragens und Wissenswollens - verhindert als gefördert werde" (ebd., S. 40f.). Beim Ansatz der ‚Selbstbildung und Naturwissen' werde versucht, die gegenwärtigen Möglichkeiten der Kinder weiter zu entwickeln, es gehe um ein selbstbildungsfähiges Kind und nicht um fachliches Wissen (vgl. ebd., S. 41f.). In Bezug auf die verschiedenen Ansätze resümiert Rauterberg (2013), dass sowohl bei Ansätzen zum instruktiven naturwissenschaftlichen Lernen als auch Ansätzen, die Selbstbildungsprozesse zentral sehen, gilt: „Ist intendiert, dass Kinder etwas Bestimmtes lernen, wird das vorab bestimmt und dann instruktiv vermittelt [...] werden müssen" (ebd. S. 44). Stehe das Welterkunden im Zentrum der didaktischen Zielsetzung, falle die Instruktion anders aus: „Es kommt darauf an, was sie [die Elementardidaktiker:innen] dann wie begründet in welchen pädagogischen Formen und auf welchen Erkenntniswegen sie [die Kinder] mit welchem Ziel sollen" (ebd., S. 44).

Windt (2010) unterstreicht, empirische Befunde im Grundschulbereich deuteten darauf hin, dass bei der Vermittlung von Fachwissen angeleitete, strukturierte Experimentiersituationen vorteilhafter sind als freie und unstrukturierte Arrangements (vgl. ebd., 185).

Ramseger (2010) fasst zusammen, dass naturwissenschaftliche didaktische Ansätze durch eine strukturierte Lernbegleitung und durch eine aktivierende und begleitende Gesprächsführung (‚scaffolding') sowie durch eine konstruktivistische Lernumgebung besonders wirksam seien. Anhand dreier Beispiele zum Experimentieren verdeutlicht Ramseger (2010) zuvor, dass Kinder die Sachverhalte auch durchschauen und verstehen müssen und dass das freie, ungesteuerte Experimentieren möglicherweise ausschließlich eine inhaltsarme Beschäftigung von Kindern darstelle (vgl. ebd., S. 5).

Michalik (2010) stützt sich u.a. auf die Aussage von Roux (2008), wenn sie in ihrer Übersicht über didaktische Konzepte zur naturwissenschaftlichen Grundbildung resümiert: „Anstelle der Entscheidung für das eine oder andere Konzept, müsste es darum gehen, Möglichkeiten und Grenzen der verschiedenen Ansätze im Hinblick auf die unterschiedlichen Voraussetzungen der Kinder näher zu bestimmen, um eine Vielfalt von Bildungswegen möglich zu machen" (ebd., S. 105). Zentral bleibe, dass es wenig fruchtbar sei, fachdidaktisch-instruktive Vorgehensweisen gegenüber kindorientiert-informellen Lernen zu stellen.

Der Diskurs zur naturwissenschaftlichen Grund- und Anfangsbildung zeigt die verschiedenen didaktischen Richtungen auf, die auf unterschiedliche Weise das Kind und die Sache resp. das Phänomen in den Blick nehmen. Es zeigt aber auch, dass es in Bezug auf die Unterschiedlichkeit von Kindern nicht um eine Entscheidung für das eine oder andere Konzept geht, sondern dass der sachunterrichtliche Anfangsunterricht von den vielfältigen

Bedingungen abhängig ist, die zu Schulbeginn vorherrschen und die flexible Lernarrangements unabdingbar machen.

5.4.2 Gesellschaftswissenschaftliches Lernen im Anfangsunterricht – am Beispiel des historischen Lernens

Im Hinblick auf Gesellschaftsbezüge wird die Entwicklung und Förderung von historischem Denken und Geschichtsbewusstsein als Zielkategorie sog. Historischen Lernens des Sachunterrichts angesehen; es geht um einen domänenspezifischen Wissenserwerb (vgl. Kübler 2015, S. 337; von Reeken 2015, S. 164).

Von Reeken (2015) legt dar, dass es für die Gestaltung historischer Themen und Inhalte vergleichsweise große Freiräume für Lehrkräfte gibt. Der Unterricht solle sich an den Interessen der Kinder orientieren und sich an Kategorien orientieren: ‚Orientierung in der historischen Zeit' (historische Fragen, die sich auf eine bestimmte Zeit beziehen), ‚Alterität und Identität' (Auseinandersetzung zwischen einem gegenwärtigen und historischen Phänomen), ‚Dauer und Wandel' (Antworten auf Fragen nach Veränderungen und Kontinuitäten) und ‚Fakten und Fiktion' (kritische Auseinandersetzung mit Quellen). Nützlich sei zudem für die „zeitliche Einordnung und Orientierung […], die Arbeit mit Zeitleisten, Zeitrollen u.ä., auf denen Ankerpunkte notiert werden können" (ebd., S. 167).

Da Geschichte die vergangene Wirklichkeit darstelle, zu der ein Zugang erst entwickelt werden müsse, sollten überlieferte Zeugnisse in Form von Quellen genutzt werden, um Vergangenes zu rekonstruieren (vgl. Michalik 2007, S. 223). Michalik (2007) unterscheidet für die Arbeit im Sachunterricht Sach-, Bild- und Schriftquellen: Sachquellen können Überreste der materiellen Kultur vergangener Zeiten sein wie „Werkzeuge, Geräte, Maschinen, Fahrzeuge, Möbel, Kleidung, Spielzeug, Schmuck, Wappen, Münzen, körperliche Überreste wie Skelette und Mumien, historische Bauten, Denkmäler, Grabstätten" (ebd., S. 226). Diese seien anschaulich, konkret, böten einen handelnden Zugang und seien motivierend. Bildquellen reichen „von Höhlenmalereien, Zeichnungen und Druckgraphiken über Gemälde und Fotos bis hin zu historischen Karten" (ebd., S. 227) und würden die Phantasie und Vorstellungskraft der Lernenden anregen. Schließlich können noch Schriftquellen zur Anwendung kommen, die „anschaulich, lebensnah, nicht zu umfangreich und sprachlich angemessen" (ebd., S. 228) sind und unterschiedlichster Art sein können (vgl. ebd., S. 229).

In einer Untersuchung von Pape (2008) wurden Grundschulkinder nach ihren subjektiven Interessen zu Geschichtsthemen befragt. Das Ergebnis zeigte, dass bereits Erstklässler:innen großes Interesse an historischen Inhalten wie Erdgeschichte, Urzeit, Evolution und Steinzeit zeigen: „Gerade das Unbekannte scheint für die jungen Kinder von außergewöhnlichem Reiz zu sein" (ebd., S. 138). Von Dinosauriern geht nach dieser Studie für viele Schüler:innen im Anfangsunterricht eine große Faszination aus. Auch in einer eigenen Untersuchung und eigenen Unterrichtsbeobachtungen in Schulklassen interessieren sich Kinder im Anfangsunterricht besonders häufig für erdgeschichtliche Themen (vgl. Rohen 2017):

„Aber weißt du, also so ein Mini-Fleischfresser, die können sogar richtig gefährlich sein. Die können nämlich AUCH Gift aus den (Zähnen machen, Mini-kleine?). Aber kommt da jetzt so ein riesen T-Rex (unv.). Und der größte, lebende Fleischfresser war Spinosaurus. ... Aber der Spinosaurus war größer. Nicht wegen seinem Segel. Auch so war er größer. (Pause) Er hatte einfach längere Beine und einen längeren Schwanz, einen längeren Hals und der Kopf war halt größer. (Pause) Und die Zähne waren schärfer. Waren sogar noch schärfer." (ebd., S. 103).

In einer Pilotstudie zum historischen Denken von 4- bis 10-jährigen Kindern, konnten Bietenhader & Kübler (2012) zeigen, dass Kinder bereits über geschichtsbezogenes Wissen und teilweise auch über Kenntnisse oder sogar ein Verständnis geschichtlicher Epochen verfügen. Im Hinblick auf die Frage, an welchen historischen Ereignissen und Epochen das Interesse besonders groß ist, konnte gezeigt werden, „dass sich jüngere Kinder besonders für die Zeit vor 1500 (Steinzeit, Antike, Mittelalter) interessieren" (ebd., S. 153). Ihr Wissen erhielten die Kinder nach dieser Untersuchung vor allem aus Sachbüchern, Filmen und Fernsehen. Für die Frage, ob Kinder bereits historisch denken können, wurden mehrere Komplexitätsniveaus von KN1 (Wissen über Geschichte), KN2 (Verstehen von historischen Zusammenhängen), KN3 (Einsicht in den Rekonstruktionscharakter von Geschichte) bis zu KN4 (Fähigkeit zur Dekonstruktion von Narrativem) erhoben, historisches Denken setzt nach Auffassung der Autor:innen ab KN3 ein. Erstaunlich sei, dass bereits ein Großteil der Kinder der ersten beiden Klassenstufen nicht nur KN1 und KN2, sondern auch KN3 erreiche, also ein Verständnis darüber, dass Geschichte rekonstruiert werde. Dies führe zu der Forderung, geschichtliche Themen bereits in den Anfangsunterricht zu integrieren (vgl. ebd., S. 153f.). Auch Kübler (2015) führt aus, dass es sich lohne, mit Kindern bereits früh mit dem historischen Lernen zu beginnen. Dies könne in Form von Einführungen in Fachbegriffe, der Erarbeitung von Zusammenhängen und erste Einsichten in die Rekonstruktionen der Vergangenheit, z.B. durch Quellenarbeit erfolgen (vgl. ebd., S. 339).

5.5 Handlungsorientierung im Sachunterricht

In einem handlungsorientierten Sachunterricht lässt sich beobachten, „dass Kinder mit Elan bei der Sache sind, die sich sonst als Versager fühlen" (Kaiser 2008a, S. 159). Handlungsorientierung stellt eines der zentralen didaktischen Prinzipien des Sachunterrichts dar und fungiert aus der Sicht von Fachdidaktiker:innen mal als Konzept, mal als Konzeption und ist wiederum für andere eher methodisch einzuordnen, oder „ein vieldiskutierter Unterrichtsansatz [...], die Zahl der Veröffentlichungen [ist] stark angewachsen und kaum noch überschaubar" (Gudjons 2014, S. 7). Miller (2007) empfiehlt das Konzept des „offenen, handlungsorientierten Sachunterrichts mit Strukturierung" (ebd., S. 205) (Kapitel 5.5.1), nicht nur durch die konzeptionelle Nähe des Sachunterrichts zur Handlungsorientierung.

Die Definition von Handlungsorientierung ist nicht einheitlich, Begriffe wie handelnder, handlungsbezogener oder handlungsintensiver Unterricht sowie auch „Lernen mit allen Sinnen“ sind gebräuchliche Synonyme“ (Möller 2015, S. 403), „der Begriff „Handlungsorientierter Unterricht“ [ist] eher ein recht grobes Verständigungskürzel für einen an den Rändern unscharfen Methodenkomplex, weniger aber Ausdruck eines theoretisch konzisen didaktischen Modells“ (Gudjons 2014, S. 8). Laut Soostmeyer (2008a) ist nach einem allgemein verbreiteten Verständnis handlungsorientierter Unterricht dort verwirklicht, wo Lernende Handlungen ausführen, also Handgreifliches tun (vgl. ebd., S. 82).

Handlung meint Tätigkeiten mit hohem Grad von Bewusstheit und Zielgerichtetheit, es wird zwischen praktischem Handeln und Sprachhandeln unterschieden: „Handeln ist mehr als Tun od. [sic!] Anwendung v. [sic!] Verfahren“ (Soostmeyer 2008b, S. 81), Handeln beinhaltet das Bewusstsein über Ziele, Gründe, Zwecke und Mittel (vgl. Soostmeyer 2008a, S. 82), Handlung ist daher eine zweckgerichtete Tätigkeit.

Nach der kognitiven Handlungstheorie sind allerdings Handlungen nicht nur bloße Tätigkeiten, sondern eine handelnde Person ist sich ihres Tuns in allen Phasen bewusst und handelt daher planvoll (ebd., S. 82). Gudjons & Traub (2016) verstehen unter handlungsorientiertem Unterricht „ein Unterrichtskonzept [...], das den SchülerInnen [sic!] einen handelnden Umgang mit den Lerngegenständen ermöglichen soll, bei dem materielle oder soziale Tätigkeiten der SchülerInnen [sic!] den Ausgangsprozess des Lernprozesses bilden“ (ebd., S. 259).

Meyer (2013) konstatiert: „Handlungsorientierter Unterricht ist ein ganzheitlicher und schüleraktiver [sic!] Unterricht, in dem die zwischen dem Lehrer [sic!] und den Schülern [sic!] vereinbarten Handlungsprodukte die Organisation des Unterrichtsprozesses leiten, so daß [sic!] Kopf- und Handarbeit der Schüler [sic!] in ein ausgewogenes Verhältnis zueinander gebracht werden können“ (ebd., S. 214).

Eine theoretische Begründung zur Handlungsorientierung lässt sich z.B. in den entwicklungspsychologischen Ansätzen von Jean Piaget und Hans Aebli finden. Auf der Basis von Piagets Beobachtungen hat Aebli als sein Schüler die kognitive Handlungstheorie weiterentwickelt, in der er vom Ursprung des Denkens im Handeln spricht: „Wenn das Denken aus dem Handeln hervorgeht, muß [sic!] schon dieses wesentliche Züge des Denkens enthalten. Wir sehen sie in einer gemeinsamen Funktion. Die gemeinsame Funktion ist die Stiftung von Beziehungen zwischen vorgefundenen oder laufend erzeugten Elementen. Handlung und Denken setzen sie im einen und anderen Fall zueinander in Beziehung“ (Aebli 1993, S. 13). Denken und Handeln stellen keinen Dualismus dar, d.h. beides sei untrennbar miteinander verbunden (vgl. Aebli 1993, S. 13ff.). Eines seiner bekanntesten Werke nennt Aebli ‚Denken: Das Ordnen des Tuns‘, in dem er im ersten Band kognitive Aspekte seiner Handlungstheorie vom geplanten zum manifesten Handeln ausführt und im zweiten Band Denken in die Tradition von Problemlöseprozessen rückt.

Aufgrund einer zielgerichteten Vorstellung, wie von einem Ist-Zustand aus einem Problem herausgelöst oder ein Ziel erreicht werden kann, folgert Kahlert (2005), dass mechanische Tätigkeiten wie z.B. das Ausmalen oder das Lückenfüllen nicht dem Anspruch der Handlungsorientierung gerecht wird (vgl. ebd., S. 187).

Möller (2015) schlussfolgert, dass handlungsintensive Lernprozesse günstige

Bedingungen liefern, um Veränderungen von Schüler:innenvorstellungen zu ermöglichen und begründet dies entlang der *Conceptual Change*-Theorie. Dazu seien Assimilations- und Akkomodationsprozesse notwendig, wobei bei der Assimilation die Integration neuer Vorstellungen erfolgt, Akkomodation bedeute die Umstrukturierung alter mentaler Strukturen, d.h. es werden Vorstellungen verändert (vgl. Sodian 2008a, S. 437; vgl. Möller 2018, S. 38). Nach Posner et al. (1982) werden vier Bedingungen genannt, die eine Veränderung von Schüler:innenvorstellungen begünstigen ("The following four seem to us to express conditions which are common to most cases of accommodation", ebd., S. 214): „There must be dissatisfaction with existing conceptions", "A new conception must be intelligible", "A new conception must appear initially plausible", "A new concept should suggest the possibility of a new fruitful research program" (ebd., S. 214).
Um einen Konzeptwechsel herbeizuführen, müsste eine lernende Person demnach unzufrieden mit existierenden Konzepten sein, ein neu angebotenes Konzept für logisch und plausibel halten und dessen Fruchtbarkeit/ Anschlussfähigkeit erkennen. Möller (2015) resümiert: „Ein handlungsintensiver Unterricht, der Handlung und Denken in Beziehung setzt, bietet Lernenden die Möglichkeit, bereichspezifisches Wissen aktiv zu konstruieren und mit Hilfe von Handlungen zu evaluieren" (ebd., S. 406).
Hartinger (1997) schlussfolgert im Rahmen seiner Studie zur Interessenförderung: „Die Ergebnisse [...] ergeben damit ein eindeutiges Bild: Ein Unterricht, der autonomieunterstützend und handlungsorientiert gestaltet ist, fordert das Interesse der Schüler/innen [sic!] an den im Unterricht behandelten Tätigkeiten und Themen stärker, verglichen mit einem weniger handlungsorientierten und autonomieunterstützenden Unterricht" (ebd., S. 217). Auch Tenberge (2003) konnte in ihren Untersuchungen zeigen, dass die Förderung des Interesses in selbstbestimmten Formen besser gelingt als in einem eher instruktiven Sachunterricht (vgl., ebd., S. 121), folgert jedoch auch, dass es ein breites Spektrum an Handlungsformen gebe und Selbststeuerung in Bezug auf die Lernorganisation individualisiert sein müsse. Somit werde nicht nur die Persönlichkeit der Kinder gefördert, sondern auch die Motivation, das Interesse und der Wissenserwerb (vgl. ebd., S. 122).
Auch in neueren Ansätzen zum Wissenserwerb wie z.B. Positionen zum gemäßigten Konstruktivismus wird die Wichtigkeit von Handlungen für den Aufbau kognitiver Prozesse begründet (s. Kapitel 5.1).
Aufgrund der konzeptionellen Nähe des Sachunterrichts zur Handlungsorientierung empfiehlt Miller (2007) das Konzept des „offenen, handlungsorientierten Sachunterrichts mit Strukturierung" (ebd., S. 205), das im folgenden Kapitel dargestellt wird.

5.5.1. Offener, handlungsorientierter Sachunterricht mit Strukturierung

Der Umgang mit Heterogenität (Kapitel 5.6) erfordert methodische Flexibilität. Vor allem bei Ansätzen im naturwissenschaftlich-technischen Bereich werden mehr oder weniger offene gegen mehr oder weniger geschlossene Ansätze gegenübergestellt. Dass diese Konzeptionen nicht

miteinander konkurrieren müssen, leitet Miller (2007) überzeugend in ihrem Aufsatz her.
Zentrale Aussage ist, dass ein Konzeptwechsel daher in einem offenen, individuell problemlösenden Unterricht mit Strukturierung besser gelingen kann als ohne Strukturierung (vgl. Miller, S. 198). Gerade Kinder mit ungünstigen Lernvoraussetzungen brauchen möglicherweise mehr Strukturierung, um offene Elemente des Unterrichts nutzen zu können (vgl. ebd., S. 200).
Als Konsequenz für den Sachunterricht im Anfangsunterricht nennt Miller (2007) den „offenen, handlungsorientierten Sachunterricht mit Strukturierung" (ebd., S. 205): „Die Balance zwischen Offenheit und Instruktion würde sich […] nicht auf die Altersklasse der Kinder richten und von einer allmählichen Entwicklung in Richtung Offenheit ausgehen, sondern sie würde sich an der Individualität des einzelnen Kindes orientieren" (ebd., S. 202f.). In Bezug auf die unterschiedlichen Lernvoraussetzungen, können Kinder insofern an mehr oder weniger selbstständige Arbeitsformen herangeführt werden (vgl. ebd., S. 202f.). Wichtig seien auch Autonomieerfahrungen, Kompetenzerleben und soziale Zugehörigkeit, was, wie bereits in Kapitel 5.3 erläutert, nach der Selbstbestimmungstheorie von Deci und Ryan (1985) drei grundlegende psychologische Bedürfnisse sind. Und natürlich geht es auch in diesem Kontext um Kommunikations- und Kooperationsstrukturen, doch nicht nur die Unterrichtsorganisation resp. der generelle Unterrichtsansatz, sondern auch methodische Entscheidungen sind für das Gelingen des Anfangsunterrichts bedeutsam (vgl. ebd., S. 205).

5.5.2 Methoden im Sachunterricht

Giest (2015) beschreibt, dass „wissenschaftliche Methoden als planmäßiges geistiges oder geistig-praktisches Handeln zum Zweck des Gewinnens und/oder Überprüfens von reflektiertem Wissen gekennzeichnet werden (vgl. ebd., S. 97). Kaiser (2004a) unterscheidet im Sachunterricht verschiedene Methodentypen und methodische Handlungsmuster (vgl. ebd., S. 135 f.) und von Reeken (2007) spricht sich wiederum gegen eine exakte Methodendefinition oder eine Methodensystematik aus, da „die vorliegenden Entwürfe hierzu [...] alle nicht recht überzeugen [können]" (ebd., S. 8).
Zunächst einmal muss definiert werden, was unter Methoden verstanden und wie über Unterrichtsmethoden kommuniziert wird. Meyer (2013) gibt Beispiele für Definitionen wie z.B. die Art und Weise der Stoffvermittlung oder dass Methoden Lernhilfen oder Handwerkszeuge darstellen und beschreibt weiter, dass Unterrichtsmethoden durch Interaktion zwischen Lehrkräften und Schüler:innen Unterrichtsprozesse in Gang setzen (vgl. ebd., S. 40ff.).
Bei dieser Flut unterschiedlicher Verständnisse von Methoden hilft die von Meyer (2013) vorgenommene Systematisierung zwischen den Ebenen von Mikro-, Meso - und Makromethodik. Bei der Mikromethodik geht es um Operatoren und Inszenierungstechniken z.B. zum Stundenbeginn, bei der Mesomethodik geht es um verschiedene Sozialformen, Handlungsmuster, Verlaufsformen und Raumstrukturen. Die Grundformen des Unterrichts

werden als Makromethodik bezeichnet, z.B. durch Projektunterricht oder Lehrgänge (vgl. Meyer 2013, S. 45). Graff (2007) erklärt, dass in Bezug auf Unterricht verschiedene Blickwinkel auf Methoden eingenommen werden können, z.B. der des Lehrenden und der des Lernenden (vgl. ebd., S. 224). In Bezug auf die unterschiedlichen methodischen Ebenen, die Meyer (2013) systematisiert und seinen Kriterien für ‚guten Unterricht' ergibt sich auch für den Anfangsunterricht im Sachunterricht die Notwendigkeit, Methoden sach- und fachgerecht einzusetzen" (ebd., S. 225). Resümierend stellt Graff (2007) fest, dass eine einheitliche Begrifflichkeit in Bezug auf Methoden weder im Sachunterricht noch im Anfangsunterricht feststellbar sei (vgl. ebd., S. 233). Wie vielfältig Methoden im Sachunterricht sein können, wird bei Kaiser (2019) in einer Systematik in Form einer tabellarischen Übersicht deutlich (vgl. ebd., S. 276ff.). Als Faustregel bezeichnet die Autorin besonders für den Sachunterricht methodische Wechsel zwischen eher kommunikativen Phasen im Plenum (z.B. Gesprächskreis) und differenziertem Handeln in anderen Sozialformen, wie Einzel-, Partner- oder Gruppenarbeit (z.B. bei Versuchen). Sie stellt fest, dass gegenwärtig die Veranschaulichung durch Bilder in Arbeitsblättern, im Schulbuch oder als Folie methodisch überwiege (vgl. ebd., S. 276) und stellt generelle Forderungen auf (vgl. ebd., S. 276): „Wichtig für den Sachunterricht ist es, dass wir den Kindern keine Fachsprache durch Tafelanschrift, Ausfüllvorschrift auf dem Arbeitsblatt oder durch bohrendes Nachfragen nach der korrekten Ausdrucksweise abverlangen. Vielmehr ist es erforderlich, dass wir an den Alltagsvorstellungen ansetzen und den Kindern zum Gespräch untereinander Anlass geben. Dafür scheint eine Methodenfolge von differenzierten Versuchen mit Material, Austausch im Gesprächskreis und gemeinsames Denken über das in den Versuchen Beobachtete als besonders angemessen zu sein" (ebd., S. 275). Kaiser (2019) spricht sich für eine Methodenvielfalt aus, um Kindern vielfältige Zugänge zu den Sachen zu ermöglichen und äußert sich kritisch über die gängige Praxis, vor allem vorgefertigte Arbeitsblätter zu nutzen (vgl. ebd., S. 280).

5.5.2.1 Das „Problem" der Arbeitsblätter

Schuhmann (1988) versteht unter einem Arbeitsblatt lose Zettel, „die vom Lehrer [sic!] als Lernmittel zusätzlich in den Unterricht eingebracht werden und deren Gestaltung ausschließlich dem Lernen der Schüler [sic!] dient" (ebd., S. 60). Nach Wellenhofer (1991, S. 55; zit. in: Kahler 2012) werden Arbeitsblätter von den Schüler:innen eher ausgefüllt als bearbeitet. Kahler (2012) gibt einen Überblick über die historische Entwicklung des Mediums Arbeitsblatt, bei dem es Parallelen zur Geschichte und Funktion von Formularen gibt, die sich bis ins Jahr 1454 zurückverfolgen lassen. Je nach pädagogischer Schwerpunktsetzung kamen Arbeitsblätter mal mehr mal weniger häufig zum Einsatz. Erst in den 1960er Jahren und durch die Entwicklung einer neuen Serie von Schablonendruckern der Firma Geha, setzte sich das von einer Lehrkraft selbst erstellte Arbeitsblatt als Massenmedium durch und auch die fortschreitende Digitalisierung beschleunigt und vereinfacht die Entwicklung selbsterstellter Arbeitsblätter kontinuierlich (vgl. ebd., S. 20ff.).

Wie zahlreiche andere Skeptiker:innen beklagt Spitta (2011) die Problematik von Arbeitsblättern im Sachunterricht: „Statt einer wirklichen Auseinandersetzung mit der Sache wird überwiegend mit Bleistift und Papier „erkundet“ […]. Für einen gelingenden Sachunterricht reicht das aber in der Regel nicht aus, zumal die Fragen und Interessen der Kinder, ihr Vorwissen und ihre individuellen Zugangsweisen zum Thema meist nicht mit dem Material deckungsgleich sind“ (ebd., S. 127). Spitta (2011) führt weiter aus, dass Lehramtsstudierende sich häufig an vorgefertigten Arbeitsblattwerkstätten von Lehrmittelverlagen orientieren, die weder die Lernvoraussetzungen der Kinder in den Blick nehmen, noch Ansprüchen an einen handlungsorientierten Sachunterricht gerecht werden. Und generell scheint es ein Problem zu sein, wenn bei der Unterrichtsplanung ausschließlich oder zumindest stärker vom Inhalt ausgegangen wird als von kindlichen Vorstellungen und Interessen. Gute Lernaufgaben im Sachunterricht stellen jedoch nicht nur gesellschaftswissenschaftliche oder naturwissenschaftlich-technische Phänomene, sondern auch Kinderfragen und Lernvoraussetzungen ins Zentrum der Unterrichtsplanung. Es braucht also mehr als eine Anhäufung an Arbeitsblättern, es braucht Individualisierung, um kindliche Fragehaltungen zu fördern, die wiederum zeitlich anspruchsvoll sind. Spitta (2011) fordert folgerichtig für den Sachunterricht eine ausreichende Anzahl an Wochenstunden, denn anders könnten „kompetenzstärkende Sachunterrichtsprojekte […] nicht angebahnt, Experimente nicht mit geplant [werden]“ (ebd., S. 130).

Peschel (2012) geht noch weiter in seiner Kritik, wenn für ihn ein Arbeitsblatt „vorwiegend rein reproduktive Aufgabenstellungen mit festgelegter Zugangsmöglichkeit zum Stoff (statt entdeckendes oder herausforderndes Lernen zu unterstützen)“ (ebd., S. 71) bieten kann. In seinem Artikel mit dem Titel „Das beste Arbeitsblatt … ist das leere Arbeitsblatt“ (ebd., Titelei) beklagt Peschel, dass die Nutzung von Arbeitsblättern stark gestiegen und das Arbeitsblatt zu dem zentralen unterrichtlichen Element geworden sei. Interessengeleitetes, selbstbestimmtes und entdeckendes Lernen werde bei dieser Art vorgefertigter Angebote nicht entfaltet und man merke Kindern oftmals die Langeweile an, wenn sie die Aufgaben auf den Arbeitsblättern gleichgültig oder missmutig erledigten (vgl. ebd., S. 71f.). „Sie finden sich nicht wieder, in dem was gemacht werden soll. Die Sache kann nicht wirken, das Lernen bleibt ein Lernen aus zweiter Hand“ (ebd., S. 73). Zudem seien Arbeitsblätter nicht auf dialogisches Lernen ausgelegt, seien vorstrukturiert und geben damit keinen Raum für Eigenproduktionen, weil sie nicht vom Kind ausgehen. Auch die Aufgabe der Selbstkontrolle sieht Peschel (2012) eher als Fremdkontrolle, da sie durch das vorgegebene Material oft eindimensional bestimmt wird. Nach seinen *Stufen der Öffnung* von Unterricht geht es Peschel (2012) um eine Öffnung auf unterschiedlichen Ebenen. In Bezug auf die inhaltliche Öffnung („individuelle Eigenproduktion) beispielsweise ist die Grundlage das interessenorientierte Lernen. Statt einem vorformulierten Arbeitsauftrag wird dem Konzept des ‚weißen Blatts‘ gefolgt (vgl. Zehnpfennig & Zehnpfennig 1995), in dem es keine vorstrukturierten Aufträge gibt, sondern leere Blätter, echte *Arbeits-Blätter*, „die sie selbst mit Geschichten, Rechenaufgaben, Forschervorträgen [sic!] usw. füllen. […] Er [Die Lehrkraft] lässt den Kindern größtmöglichen Raum, ohne aber die Fäden aus der Hand zu geben“ (Peschel 2012, S. 76).

Schließlich gehe es auch darum, Selbstverantwortung zuzulassen, indem man sich von der Arbeitsblattdidaktik löse und neue Wege gehe, auf denen die Kinder nicht einfach nur beschäftigt würden (vgl., ebd.).
Scholz (2004) unterstreicht als grundsätzliche Zielsetzung des Sachunterrichts den Umgang mit Sachzusammenhängen, die nicht über Bilder oder Texte erschlossen, sondern über die Sachen unmittelbar erkundet werden (vgl., ebd., 1). Unter bestimmten Voraussetzungen sei aber die Verwendung von Unterrichtsmedien und Materialien sinnvoll, z.B. bei Sachzusammenhängen, die nicht selbst erkundet werden können (Scholz nennt als Beispiele einen Ameisenhaufen oder eine Geburt) (vgl. ebd.).
Wichtig erscheint, dass Medien und Materialien die Auseinandersetzung mit Phänomenen vorbereiten, begleiten und dokumentieren und einen Sachzusammenhang in seiner Komplexität sinnvoll schärfen können. Scholz (2004) kritisiert allerdings, wie Sachunterricht mit Hilfe von Materialien häufig umgesetzt werde und nennt als ein Beispiel Lückentexte, deren Sinn es sei, Wörter zu raten (vgl. ebd., S. 2). Auf Kinderfragen werde bei Arbeitsblättern oftmals nicht eingegangen, eine handlungsorientierte Auseinandersetzung nicht vorgesehen, wie Scholz an Arbeitsblättern zu Wald oder Bäumen aufzeigt, auf denen die Bestandteile von Bäumen geraten und eingeübt werden müssen. Es geht um Bezeichnungen, „deren Bedeutung und Sinn von Kindern nicht nachvollzogen werden können. Es gibt keine Auseinandersetzung mit der Sache, sondern bestenfalls mit der Zulässigkeit von Namen für bestimmte Sachverhalte. Die Sachverhalte selbst bleiben außen vor. Der Unterricht besteht in der Beschäftigung von Kindern, im Totschlagen von Unterrichtszeit. Gelernt wird nichts, außer der Erfahrung, verdummt zu werden.“ (ebd., S. 2).
Veröffentliche Materialien für den Sachunterricht zeigen nach Scholz (2004) die Tendenz, sich an Bezeichnungen, Begriffen und Banalitäten zu orientieren: „Die Orientierung an Bezeichnungen ermöglicht einen Unterricht ohne Anstrengung. Und seit es Kopierer gibt auch ohne körperliche Anstrengung“ (ebd., S. 5). In Bezug auf die Orientierung an Begriffen beschreibt Scholz (2004) z.B. die Nutzung historischer Daten und kritisiert, dass deren Verwendung Kindern nicht zugänglich seien. Sachunterricht habe eine eigene Didaktik, die Fächer der weiterführenden Schule haben andere Gegenstände bzw. wie ein Fach den Gegenstand konstruiert (vgl. ebd, S. 5ff.). In Bezug auf die Orientierung an Banalitäten bzw. Trivialisierung des Sachunterrichts schreibt Scholz (2004): „Eine Vielzahl von Materialien zum Sachunterricht sind banal im Sinne des Wortes und damit eine Zumutung an die Intelligenz und das Wissen von Grundschulkindern. Sie machen Kenntnisse, Fähigkeiten und Fertigkeiten in der Grundschule zum Thema, über die Grundschulkinder längst und selbstverständlich verfügen“ (ebd., S. 7) und nennt als Beispiel das Thema Fahrrad.
Wichtig bleibt, dass Materialien zum Verstehen von Sachverhalten beitragen. Sie sollen Fragen anregen und aufgreifen, sie sind so zu gestalten, „daß [sic!] Kinder ihre Fragen und Deutungen zur Sprache bringen können. Dieses Material ist offen, aber nicht beliebig“ (ebd., S. 11).
Insgesamt lässt sich schlussfolgern, dass Arbeitsblätter oftmals eher wenig kindorientiert sind, also an den Fragen und Interessen der Kinder vorbeigehen, eher der Veranschaulichung dienen bzw. dem Auswendiglernen

von Begriffen, dass sie auf Vielfalt und damit Individualisierung wenig Rücksicht nehmen und keinen kommunikativ-handlungsorientierten Sachunterricht mit vielfältigen Methoden ermöglichen. Unter bestimmten Umständen können jedoch Arbeitsblätter hilfreich sein. Gerade im Anfangsunterricht kann das „leere Arbeitsblatt“ oder wie im Praxisbeispiel im Teil II verdeutlicht, ein Blanko-Heft eine optimale Möglichkeit der Dokumentation und Erarbeitung darstellen.

5.6 Heterogene Lerngruppen im Anfangsunterricht - Pädagogik der Vielfalt

„Alle sind verschieden und dem müssen wir irgendwie gerecht werden.“

Dieses Zitat einer Lehrkraft aus einer Untersuchung beschreibt die heterogenen Voraussetzungen, die in einer Lerngruppe vorzufinden ist (unveröffentlichte eigene Quelle). Auch Studierende des Lehramts haben bereits differenzierte Vorstellungen zu Heterogenität wie die Ergebnisse in einer weiteren eigenen Untersuchung aufzeigen (vgl. Rohen-Bullerdiek et al. 2015).

Lichtenstein-Rother (1969) beschreibt in ihren Ausführungen zum Schulanfang die Vielfalt einer Klasse im Anfangsunterricht und stellt bedeutsame Entwicklungs- und Begabungsunterschiede dar (vgl. ebd. S. 9ff.). Zu welchen didaktisch-methodischen Konsequenzen heterogene Voraussetzungen im Sachunterricht führen, wurde bereits in mehreren Werken zum inklusiven Sachunterricht umfangreich erörtert (beispielhaft: Seitz 2005; Kaiser & Seitz 2018; Pech et al. 2018; Rohen & Wulfmeyer 2021), daher seien hier nur nochmal grundlegende Überlegungen zu Heterogenität dargestellt. Prengel (2006) nutzt den Ansatz einer Pädagogik der Vielfalt. Dies ist für sie „eine Bezeichnung unter anderen für facettenreiche Strömungen in der Bildungslandschaft, die heterogene Lebens- und Lernweisen als gleichberechtigt anerkennen und ihre Inklusion anstreben. „Pädagogik der Vielfalt“, „Diversity Education“ und „Inklusive Pädagogik“ werden als bedeutungsgleich verstanden“ (Prengel 2018, S. 34f.). Walgenbach (2021) versucht eine Unterscheidung der Begriffe Vielfalt, Heterogenität, Diversität/Diversity und Intersektionalität und schlussfolgert, dass die Begriffe unterschiedliche Entstehungskontexte, thematische Schwerpunkte und Problemfokussierungen aufzeigen, weisen allerdings kaum einen Alleinvertretungsanspruch auf und seien auch gleichzeitig nicht austauschbar (vgl. ebd.).

So bedeutet der Begriff der Heterogenität in etwa Verschiedenheit, Ungleichheit oder Andersartigkeit und ist somit untrennbar mit dem gegenüberliegenden Pol Homogenität verbunden. Die sich unterscheidenden Merkmale beziehen sich auf eine Bezugsgröße, die konstruiert ist bzw. die durch sozial gesetzte Normen entsteht (vgl. Walgenbach 2021, S. 48). Prengel (2009) sieht in der Orientierung an Kategorien von Heterogenität eine Entscheidung für Verschiedenheit, die „nicht als hierarchisch unter- und übergeordnet, sondern als gleichberechtigt nebeneinander positioniert aufgefasst wird“ (ebd., S. 168).

Die Wahrnehmung von Heterogenität ist nicht neu, das zeigen die Berichte zu einklassigen Volksschulen des 19. Jahrhunderts oder Aufzeichnungen zu Ansätzen Maria Montessoris. Vergleichsstudien wie z.B. PISA (Baumert et al. 2000) haben die Debatte um bildungspolitische Anforderungen jedoch neu entfacht (vgl. Wennig 2007, S. 22). Verschiedene Modelle geben Aufschluss über Ansätze zu Heterogenität. Wennig (2007) führt z.B. im Zusammenhang mit institutionalisierter Bildung verschiedene Heterogenitätsdimensionen auf wie leistungsbedingte, soziokulturelle, migrationsbedingte, gesundheits- und körperbezogene sowie geschlechtsbezogene und sprachliche Heterogenität sowie Altersheterogenität bzw. Heterogenität des Entwicklungsstandes (vgl. ebd., S. 25 f.). Graumann (2002) unterscheidet zwischen endogenen und exogenen Ursachen von Heterogenität. Endogene Ursachen sind beispielsweise körperliche, physische oder geistige Behinderungen – auch chromosomal bedingte Störungen - Entwicklungsstörungen oder auch Reifungsabweichungen wie z.B. Entwicklungsverzögerung (Retardierung) oder Entwicklungsbeschleunigung (Akzeleration). Exogene Ursachen werden von der Autorin hauptsächlich in der Familienkonstellation gesehen, wie sozio-ökonomische Verhältnisse oder der Erziehungsstil, hier spielen auch Migrationserfahrungen eine Rolle. Ein zentraler Verursachungsfaktor liegt nach Graumann auch in der Schulsituation selbst. Der Leistungsdruck, eine hohe Klassenfrequenz aber auch Unterrichtsstil der Lehrpersonen spielen hier eine Rolle (vgl. ebd.; Wulfmeyer et al. 2011, S. 58 f.).

Heinzel (2008) unterscheidet in Bezug auf den sozioökonomischen Status, der Ethnizität/Kultur, in Bezug auf Gender, auf Leistungsvermögen und auf Generationendifferenz (vgl. ebd., S. 133 f.). Allerdings ist „Die Zahl der Merkmale nach denen man eine Gruppe als mehr oder weniger heterogen klassifizieren kann, […] im Prinzip unendlich: Haarfarbe, Körpergröße, Charaktereigenschaften und Freizeitinteressen, soziale Bindungen oder Familiengröße – in all diesen Aspekten können sich Mitglieder einer Lerngruppe mehr oder weniger (un)ähnlich sein" (Trautmann & Wischer 2011, S. 37). Allerdings ist die Liste nicht einheitlich, wie die oben genannten Aufzählungen von Wennig (2007), Graumann (2002) und Heinzel (2008) beispielhaft verdeutlichen und die je nach (Forschungs-) Perspektive unterschiedlich gesehen wird bzw. unterschiedliche Prioritäten in den Blick nimmt.

Im Sinne einer ‚Schule für alle' bzw. einer Pädagogik der Vielfalt sollen alle Schüler:innen in allen Phasen des Unterrichts teilhaben können (vgl. Seitz 2005, S. 160f.; vgl. Prengel 2006). Prengel (2001) entwickelte die Denkfigur der egalitären Differenz. Demnach haben alle Kinder gleiche Entwicklungschancen und nehmen an Bildung teil, egalitäre Differenz wird nicht als gegensätzlich angesehen, sondern als sich ergänzende Konstrukte: „Im Gedanken der egalitären Differenz kommt der Wunsch zum Ausdruck, auf vielfältige Weisen leben zu können" (Prengel 2001, S. 93).

Begabungsvielfalt stellt ebenfalls eine Dimension von Heterogenität dar. Es gilt, Begabungsunterschiede zu identifizieren, anzuerkennen und ihnen auch durch geeignete didaktisch-methodische Ansätze Rechnung zu tragen. Dazu gehört im inklusiven Sachunterricht auch die Förderung von Hochbegabung, die nicht selten unberücksichtigt bleibt (vgl. Wulfmeyer et al. 2011, S. 61ff.; vgl. Rohen & Wulfmeyer 2021).

5.7 Und die Rolle der Lehrkraft?

Wir alle haben unterschiedliche Erfahrungen mit Lehrkräften gemacht, mal negativ, mal positiv, mal indifferent. Häufig behalten wir die Erinnerungen an bestimmte Lehrkräfte, sei es, weil wir gefördert oder gefordert wurden oder weil wir an bestimmte Persönlichkeiten zurückdenken. Was aber macht eine gute Lehrkraft aus? In Studien fielen insbesondere Persönlichkeitsmerkmale auf wie Ehrlichkeit, Humor, Extraversion, Introversion etc., Belege finden sich allerdings für die „geborene" Lehrkraft eher wenig. In der neueren Forschung geht es eher um kognitive Merkmale oder motivationale Elemente (vgl. Kunter & Pohlmann 2009).
Erkenntnisse liefert auch die Hattie-Studie, eine Meta-Studie, die Einflussfaktoren auf den Lernerfolg von Schüler:innen erfasst und dafür über 52.000 Einzelstudien einbezogen hat (vgl. Hattie 2013). In einem „Hattie-Wiki" der Pädagogischen Hochschule Nordwestschweiz werden diese Daten aufgrund neuerer Forschungsergebnisse immer wieder aktualisiert (vgl. Pädagogische Hochschule FHNW o.J.). Erwünschte Effekte sind Einflüsse von d > 0,40 und haben die größten Auswirkungen auf Lernleistungs-Outcomes von Schüler:innen. Sehr hohe Effekte zeigen sich z.B. bei den Items „Glaubwürdigkeit" (d = 0,90) und „Klarheit" (d = 0,75) der Lehrperson. Unter Glaubwürdigkeit wird im Rahmen der Studie verstanden: „Eigenschaft einer Lehrperson, bewertet durch die Wahrnehmung der Lernenden in den Dimensionen "Kompetenz", „Charakter" und „Fürsorge". „Kompetenz" meint dabei besonders das wahrgenommene Fachwissen einer Lehrperson. Unter „Charakter" wird u.a. eine wahrgenommene Ehrlichkeit, Güte und Fairness subsumiert. Die ‚Fürsorge' beinhaltet wahrgenommenes Verständnis, Einfühlungsvermögen sowie Bereitschaft der Lehrperson, auf Interaktionsversuche der Lernenden einzugehen (Responsivität)" (vgl. Pädagogische Hochschule FHNW o.J.). Unter „Klarheit" wird die Fähigkeit einer Lehrperson verstanden, „eine verständliche Kommunikation über den Unterricht und das Lernen mit Lehrenden zu führen" (ebd.). Dies betreffe verschiedene Dimension wie Organisation und Erläuterungen. Weniger ins Gewicht fallen nach dieser Meta-Studie „Fachkompetenz (d = 0,11) und die Lehrer:innenpersönlichkeit (d = 0,23). Allerdings sei wichtig, die einzelnen Faktoren nicht zu separieren und zu überinterpretieren, sondern sie im Gesamtkontext zu sehen (vgl. Gudjons & Traub 2016, S. 266). Weiterhin müssen Metastudien wegen der u.U. fehlenden Vergleichbarkeit der Einzelstudien aufgrund unterschiedlicher methodischer Ansätze differenziert betrachtet werden.
Klusmann (2011) listet einige Merkmale auf, die für erfolgreiches Lehrer:innenhandeln bedeutsam sind wie z.B. kognitive Merkmale, motivationale und allgemeine Persönlichkeitsmerkmale (vgl. ebd., S. 297). Im Rahmen der COACTIV-Studie haben Baumert & Kunter (2011) ein Kompetenzmodell für Mathematiklehrkräfte entwickelt. Die professionelle Kompetenz umfasst dabei die Kompetenzaspekte Professionswissen, Überzeugungen/Werthaltungen/Ziele, motivationale Orientierungen und Selbstregulation. Das professionelle Wissen steht in enger Beziehung zu fachlichen Lernfortschritten von Schüler:innen und umfasst die Kompetenzbereiche Fachwissen, fachdidaktisches Wissen, pädagogisch-psychologisches Wissen, Organisationswissen und Beratungswissen. In einer

weiteren Ebene sind Kompetenzfacetten aufgeführt, die sich aus den Kompetenzbereichen ergeben. In Bezug auf das Fachwissen und am Beispiel Mathematik gehört dazu das „tiefe Verständnis der Schulmathematik“, zum fachdidaktischen Wissen gehören „Wissen über das mathematische Denken von Schüler:innen“, „Wissen über mathematische Aufgaben“ und „Erklärungswissen“. Aus dem Kompetenzbereich des pädagogisch-psychologischen Wissens ergibt sich „Wissen über effektive Klassenführung“, „Wissen über Leistungsbeurteilung“ und „Wissen über Lernprozesse“ (vgl. ebd., S. 32).

Das fachdidaktische Wissen und das fachliche Wissen sind domänenspezifische Facetten des Lehrer:innenwissens und daher auch für den Sachunterricht relevant. Studien zu Effekten von Schüler:innenleistungen durch diese beiden fachbezogenen Komponenten des professionellen Wissens liegen für den naturwissenschaftlichen Sachunterricht vor. Es gibt Hinweise, dass sich einerseits das entsprechende Fachwissen im naturwissenschaftlichen Sachunterricht positiv auf den Lernerfolg der Kinder auswirkt, andererseits führt mangelndes Fachwissen zu Defiziten. Gründe sind z.B. das durch fehlendes fachliches Wissen Schüler:innenvorstellungen nicht richtig interpretiert werden (vgl. Lange 2015, S. 82ff.). Fachwissen alleine reiche allerdings nicht aus, sondern für einen Lernerfolg ist auch fachdidaktischen Wissen notwendig, da es um „die Gestaltung […] kognitiv anregender und motivierender Lernangelegenheiten sowie für das adaptive Bereitstellen individueller und konstruktiver Unterstützung im Unterricht [geht]“ (ebd., S. 85). Lange (2015) schlussfolgert daher, dass es Lehrkräften mit entsprechenden fachdidaktischen Kompetenzen eher gelinge, Schüler:innenvorstellungen aufzugreifen und mit entsprechenden fachlichen Kenntnissen den Unterricht handlungsorientiert so zu gestalten, dass diese weitergeführt werden können (vgl. ebd.). In Bezug auf einen inklusiven Sachunterricht fehle es an Kompetenzmodellen zum inklusiven Professionswissen (vgl. Lange-Schubert & Seidler 2022, S. 12f.). Lange-Schubert & Seidler (2022) gelangen zu einem Modell des Professionswissens für einen inklusionsorientierten Sachunterricht. Pädagogisch-psychologisches Wissen, inklusions-pädagogisch-psychologisches Wissen und sonderpädagogisches Wissen zeigen Überschneidungen, sind jedoch trotzdem voneinander abgrenzbare Wissensbereiche als Erweiterung eines inklusionsorientierten fachdidaktischen Wissens. Das sachunterrichtsbezogene fachdidaktische Wissen beziehe sich wiederum auf das domänenspezifische, das perspektivenbezogene und das themenbezogene fachdidaktische Wissen. Daneben sei das Fachwissen, also der Inhalt sowie Denk-, Arbeits- und Handlungsweisen, notwendig für eine fachliche Klärung der Thematik (vgl. ebd. S. 20ff.). Ziel sei es, „eine erste theoriegeleitete Modellierung des fachdidaktischen Wissens für den Sachunterricht vorzulegen“ (ebd., S. 29).

Der chilenische Landschullehrer Guillermo Diaz Fleming, mit dem Kaiser ein Interview geführt hat (vgl. Diaz Fleming & Kaiser 2006), sagte, dass die zweite Regel sei (neben der ersten, dass man überhaupt wissen müsste, was man unterrichten will), dass der Wille und der Wunsch da sein müsse, unterrichten zu wollen. Es sei eine große Verantwortung, in dem gesamten Unterrichtsprozess involviert zu sein, Grundschule hätte daher eine große Bedeutung und er hätte großen Respekt vor der Arbeit und den Lehrkräften.

Auf die Frage, was der wichtigste Charakterzug einer Lehrkraft sei, antwortet Guillermo Diaz Fleming: „Ich meine „Emotionen“ in Bezug auf den Enthusiasmus, den man für das Unterrichten hat. Und in Bezug darauf, mehr über die Schüler/innen [sic!] zu wissen oder wissen zu wollen, mehr über ihren Charakter. Es scheint mir sehr wichtig zu sein, dass Lehrende Empathie für ihr Schüler/innen [sic!] empfinden, vielleicht ist das auch allgemein bekannt, aber das ist und war meine persönliche Meinung, ohne irgendwelches Vorwissen, dass Feedback zwischen der Lehrperson und den Schüler/innen [sic!] das Allerwichtigste ist“ (ebd.). Diese Merkmale, die Guillermo Diaz Fleming als wichtig erachtet, sind in der Hattie-Studie unter Lehrer:innen-Schüler:innenbeziehung zu finden und umfassen u.a. Empathie und Wärme. Die Effektstäke liegt bei d = 0,52 und hat damit durchaus eine positive Wirkung auf die Lernleistung (vgl. ebd. Pädagogische Hochschule FHNW o.J.).
Zusammengefasst zeigt sich, dass neben allen anderen aufgeführten Prinzipien für einen sachunterrichtlichen Anfangsunterricht auch die Lehrkraft eine bedeutsame Rolle beim Lernerfolg spielt und zwar in Bezug auf das Professionswissen, aber auch in Bezug auf nicht-kognitive Persönlichkeitseigenschaften wie z.B. Charakter, Fürsorge und Empathie.

6. Plädoyer für einen sachunterrichtlichen Anfangsunterricht - aus neurobiologisch-physiologischer und pädagogisch-psychologischer Sicht

Weiter oben wurde aufgezeigt, dass eine Dimension von Heterogenität auch Begabungsvielfalt umfasst (Kapitel 5.6). Es kann sicherlich davon ausgegangen werden, dass jedes Kind eine oder mehrere Begabungen in unterschiedlichen Bereichen zeigt. Gerade im Anfangsunterricht gilt es, diese zu entdecken und zu fördern. In Gagnés (2008) differenziertem Begabungs- und Talentmodell wird zwischen Begabungen und Talenten unterschieden, wobei Begabungen als angeborene Fähigkeiten betrachtet werden, Talente hingegen sind die erbrachten Leistungen, die sich aus den Begabungen entwickeln können. Dieser Prozess ist abhängig von intrapersonalen- und Umwelt-Katalysatoren, Zu den intrapersonalen Katalysatoren gehören demnach physische Eigenschaften (z.B. Gesundheit), Motivation (z.B. Interessen), Wille (z.B. Anstrengungsbereitschaft), Selbstregulation (z.B. Konzentration) und Persönlichkeitsfaktoren (z.B. Selbstwerterleben). Katalysatoren der Umwelt beziehen sich auf das Umfeld, auf Personen, auf Interventionen und Ereignisse. Im Entwicklungsprozess von Begabung zum Talent kann eine Person die Begabung – gleich welcher Art – durch Lernen, Übung und durch Praxis in Leistung umsetzen. Das Modell ist systemisch aufgebaut, d.h. einzelne Variablen können Auswirkungen auf die Entfaltung von Begabung haben (vgl. Gagné 2009; vgl. Preckel & Vock 2013, S. 23 ff.) (Abb. 3).

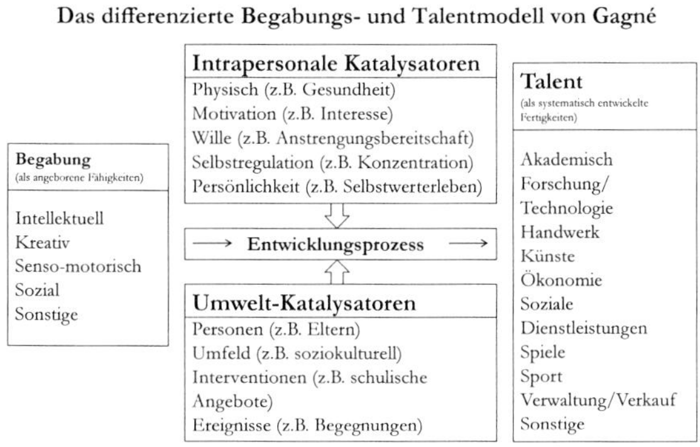

Abb. 3: Das differenzierte Begabungs- und Talentmodell (nach Gagné 2008; vgl. Preckel & Vock 2013, S. 23ff.)

Insofern lässt sich nachvollziehen, dass verschiedene Faktoren Einwirkungen auf den Entwicklungsprozess von Kindern im Anfangsunterricht eine Rolle haben können. Im Folgenden werden des Weiteren Erkenntnisse aus der Neurobiologie und der Psychologie herangezogen, um die Prinzipien für einen guten Sachunterricht im Anfangsunterricht zu untermauern.
Die nicht-kognitiven Persönlichkeitsmerkmale aus dem obigen Begabungs- und Talentmodell geben dabei Orientierung. Es kann davon ausgegangen werden, dass verschiedene Persönlichkeitsmerkmale bei Kindern im Anfangsunterricht eine Rolle spielen, daher beleuchte ich beispielhaft neben der Dimension „Stressbewältigung“ auch die Konstrukte „Selbstkonzept und „Selbstwirksamkeitserwartungen“.
Die Fähigkeit zur Stressbewältigung ist ein multifaktorielles Phänomen, d.h. hier liegen z.B. Unterschiede in der biologischen und genetischen Prädisposition vor, sind aber auch auf Umweltfaktoren zurückzuführen. Stress wird als unangenehm erlebter Spannungszustand verstanden. Vielfach wird aber auch zwischen „gutem“ Stress (Eustress) und „schlechtem“ Stress (Disstress) unterschieden, d.h. es gibt also auch einen positiven Stress z.B. bei positiver Aufregung. Stress entsteht bei einer Diskrepanz zwischen eigenen Anforderungen und Möglichkeiten (vgl. Semmer & Zapf 2018, S. 24). Wenn wir uns nochmal das *Flow*-Modell von Csikszentmihályi (2000) (s.o.) in Erinnerung rufen, so fällt auf, dass Überforderung oder Unterforderung im Unterricht genau die Basis schafft, um Stress auszulösen. Die Folge können Angst und Sorge, aber auch Wut, Ärger und Frustration sein, alles Emotionen, die für Stress charakteristisch sind (vgl. ebd.). Neben dieser emotionalen Ebene, wird aber noch eine zweite Merkmalsebene beschrieben, nämlich die, die sich auf biologische Reaktionen beziehen. Dabei spielen das Hypothalamus-Hypophysen-System und das Sympathikus-Nebennierenmark-System eine bedeutsame Rolle, die Stresshormone Cortisol, Adrenalin und Noradrenalin stehen hierbei im Vordergrund. Eine dritte Merkmalsebene (neben der emotionalen und biologischen) ist die Ebene der Verhaltensveränderungen bei sogenannten Stressoren (d.h. Bedingungen oder Situationen, die Stress auslösen) wie z.B. Aggression oder Gereiztheit (vgl. Semmer & Zapf, S. 25).

Um auf die biologische Ebene zurückzukommen: Das zentrale Nervensystem ist das menschliche Steuerorgan, in dem die meisten Stressreaktionen verarbeitet werden. Dabei spielt vor allem das limbische System eine zentrale Rolle, das bei der Verarbeitung von Emotionen entscheidend ist. Unter Stress wird ein Teil des autonomen Nervensystems (welches die lebenswichtigen Funktionen im Körper aufrechterhält), nämlich der Sympathikus, aktiviert und im Nebennierenmark werden Adrenalin und Noradrenalin ausgeschüttet (daher die oben genannte Stressachse des Sympathikus-Nebennierenmark-Systems). Diese beiden Hormone sind dafür bekannt, den Körper in einen Alarmzustand zu versetzen („Fight-or-Flight") und die körperlichen Reaktionen erfolgen prompt: Erhöhung des Herzschlags und der Atemfrequenz, das Blut wird umverteilt, der Blutdruck steigt und Energiereserven werden mobilisiert, um sich auf die vermeintliche Flucht vorzubereiten. Es muss jetzt alles schnell gehen. Über die zweite biologische Stressachse, das Hypothalamus-Hypophysen-Nebennierenrinden-System, wird am Schluss der Kaskade Cortisol ausgeschüttet. Dieses Hormon stellt bei Stress energiereiche Verbindungen zur Verfügung und hat daher Effekte auf den Fett- und Glucosemetabolismus, außerdem hat es einen immunsuppressiven Effekt, d.h. das Immunsystem wird unterdrückt (vgl. von Dawans & Heinrichs 2018, S. 68ff.). Stressreaktionen entstehen als Folge psychischer und körperlicher Belastungen. Das müssen aber nicht nur evolutionsbedingte Fluchtinstinkte sein, sondern können allgemein auch durch körperliche Anstrengungen, Erkrankungen, Furcht, Schmerz, ungünstige Umweltbedingungen oder psychosoziale Belastungen etc. verursacht werden (vgl. Rüegg, 2007, S. 75).

Wie sehr eine Person eine Situation als stressauslösend empfindet, ist individuell unterschiedlich und hängt z.T. auch von der genetischen Prädisposition ab (vgl. Meaney et al. 1993). Menschen, bei denen ein familiäres Risiko für Hypertonie (Bluthochdruck) vorliegt bzw. die zu Hypertonie neigen, weisen z.B. eine erhöhte Stressempfindlichkeit auf. Wie Menschen mit Stress umgehen, hängt aber nicht nur von genetischen Faktoren ab, sondern auch davon, welche Bedeutsamkeit ein Stressor für die Person hat und das hängt vor allem mit früheren Erfahrungen zusammen: Habe ich gelernt, diese oder jene Situation gut zu bewältigen oder habe ich das nicht. Bei Bergsteiger:innen, die früh im Leben mit der Höhe von Gebirgen konfrontiert wurden, wird die Stressreaktion sicherlich geringer ausfallen als bei Unerfahrenen oder gar Menschen mit panischer Höhenangst (vgl. Rüegg 2007, S. 82).

Diese physiologischen Stressreaktionen sind im Prinzip überlebenswichtig, chronischer Stress kann allerdings krank machen, denn hier wird über das normale Maß hinaus Adrenalin, Noradrenalin und Cortisol produziert, die für die oben genannten körperlichen Reaktionen verantwortlich sind und das dann chronisch, wobei ein erhöhter Cortisolspiegel ein Zeichen für unbewältigten Stress darstellt. In zahlreichen Untersuchungen konnten verschiedene Erkrankungen und Beschwerden, die mit chronischem Stress assoziiert sind, aufgezeigt werden, u.a. kardiovaskuläre Erkrankungen, metabolisches Syndrom, Adipositas, Infektionskrankheiten, Krebs, chronisch-entzündliche Darmerkrankungen, Migräne/Kopfschmerzen, die Liste ist also lang (vgl. Gerber & Schilling 2018).

Neben Familie und Peers spielt auch die Institution Schule eine zentrale Rolle bei der Entwicklung von Stress: Klassenarbeiten, Referate, Klassenklima usw., sicherlich alle kennen schulische Stressoren aus der eigenen Schulzeit. Im Rahmen einer Studie des Instituts für Sozialforschung mit 4.691 (bzw. 3.602 zur Frage des Stresses) Grundschulkindern sehen 33% die Schule als größten Stressfaktor. Dabei fühlen sich die Kinder von schulischen Anforderungen wie z.B. Hausaufgaben und Diktaten sowie Überforderung durch zu viele Tests gestresst (vgl. Beisenkamp et al. 2012, S. 140). Es zeigt, dass Stress ein relevantes Thema bereits in der Grundschule ist und dass auch die oben beschriebenen physiologischen Vorgänge im Rahmen der Stressachsen, die zur vermehrten Ausschüttung von Stresshormonen führt, auch im Kindes- und Jugendalter eine Rolle spielen, d.h. ungesundes Stresserleben hat auch für Kinder psychische und physische Folgen. Dies zeigt sich vor allem durch das Auftreten psychosomatischer Beschwerden oder psychischen Symptomen, die in mehreren Studien aufgezeigt werden konnten (vgl. Lohaus 2018). Dies kann von Kopfschmerzen, Bauchschmerzen, Übelkeit, Schwindel, Schlaflosigkeit, Appetitlosigkeit bis zu Erschöpfung, Nervosität, Unruhe, Ärger usw. reichen (vgl. ebd., S. 164.). Simon (2013) beschreibt Risiko- und Schutzfaktoren für die kindliche Gesundheit im Zusammenhang mit Schule und zitiert dabei Problembereiche, die im Rahmen einer Studie von Edelstein et al. (2011) identifiziert wurden:

- „die psychische Belastung,
- die zeitliche Beanspruchung der Schülerinnen und Schüler,
- das Miteinander in der Schule – sowohl der jungen Menschen untereinander als auch in der Beziehung zu den Lehrkräften,
- unfaire Behandlung und ungerechte Verteilung der Chancen,
- Gesundheitsbeeinträchtigungen durch Bewegungsmangel, unzureichende Erholungspausen und unzulängliche Räume,
- mangelnde Partizipation,
- die Durchdringung aller weiteren Lebensbereiche durch das Thema Schule." (ebd., S. 125, zit. in Simon 2013, S. 8).

Weiter schreibt Simon (2013) von der „Gefährdung des Kindeswohls in Schule", wobei sich der Autor insbesondere auf hierarchische Sozialstrukturen in Schule fokussiert (vgl. ebd., S. 9f.). Schule – das wird durch die verschiedenen Aussagen deutlich – ist daher ein nicht unerheblicher Stressfaktor für Kinder.

Was bedeutet das für den Anfangsunterricht? In Bezug auf den Übergang vom Kindergarten in die Schule hatte bereits Carle (2004) weiter oben aufgeführt, dass „[a]m Übergang in Bildungsinstitutionen [...] die Kinder ins Rampenlicht der schulischen Bewertungskriterien [treten]. Es verwundert also nicht, wenn dem Wechsel eine potenziell risikoreiche Wirkung auf die individuelle Entwicklung von Kindern zugesprochen wird" (ebd., S. 31). Knörzer et al. (2000) sprechen von Schuleintrittskrisen und dem Schuleintritt als kritisches Lebensereignis. Solche Krisen können als Folge mehrerer Faktoren eintreten: a) Durch Veränderungen im Zeiterleben, da ein Leben nach der Uhr beginnt; b) Durch Veränderungen im Raumerleben, das ganz anders ist als im Kindergarten; c) Durch Veränderungen im didaktisch-methodischen Arrangement, da jetzt eine Struktur nach dem Lehrplan vorliegt; d) Durch Veränderungen in den Verhaltensanforderungen und

Verpflichtungen durch Einschränkungen des Handlungsspielraums und e) durch Veränderungen der Sozialbeziehungen (vgl. ebd., S 175f.)
Kinder sind daher mit Schuleintritt neuen Herausforderungen ausgesetzt, „was den Schulanfang zu einer kritischen Phase im Hinblick auf die weitere Entwicklung eines Kindes macht. [...] Die Kinder müssen sich an ein neues soziales Umfeld gewöhnen, erhalten direkte und indirekte Leistungsrückmeldungen und erfahren somit etwas über ihre Stärken und Schwächen. Bei der Anpassung an die Schule und deren systematische Lernanforderungen in einer neu zusammengesetzten Gruppe kommt den kindlichen Vorstellungen, Einschätzungen und Bewertungen der eigenen Person, dem Selbstkonzept, eine Schlüsselrolle zu" (Ehm et al., 2011, S. 37).
Das Selbstkonzept als Selbstbild, also wie ich mich im Vergleich zu anderen wahrnehme, hat unterschiedliche Facetten. Das akademische Selbstkonzept beispielsweise umfasst die Einschätzung und Bewertung eigener Fähigkeiten im Vergleich zu anderen Mitschüler:innen (sozialer Vergleich) sowie intraindividuelle Vergleiche (eigene akademische Bereiche werden verglichen) oder aufgrund von Leistungsrückmeldungen z.B. durch Lehrkräfte (vgl. ebd.).
In diesem Zusammenhang ist der „Big Fish Little Pond-Effekt (BFLP-Effekt)" interessant, da „je nachdem, ob die sozialen Vergleiche mit der Referenzgruppe positiv oder negativ ausfallen, [...] Schülerinnen und Schüler mit gleichen akademischen Leistungen und auch Fähigkeiten zu unterschiedlichen Fähigkeitsselbstkonzepten gelangen [können]" (Vock et. al. 2007, S. 43). Abhängig vom Niveau des Unterrichtsinhalts und im Vergleich mit der Referenzgruppe können Schüler:innen also ein positives oder negatives Selbstkonzept erlangen. Ist z.B. ein Kind im Vergleich mit den Mitschüler:innen eher leistungsstark, so bildet sich eher ein positives Selbstkonzept aus, d.h. im Sinne des Bildes des BFLP-Effekts wäre das Kind ein großer Fisch im kleinen Teich. Anders verhält es sich im umgekehrten Fall: Ist ein Schüler oder eine Schülerin im Vergleich mit anderen Mitschüler:innen eher leistungsschwach, so bildet sich ein negatives akademisches Selbstkonzept aus und entsprechend ist es die Metapher des kleines Fisches im großen Teich (vgl. Vock et al. 2007, S. 41 ff.). Es kommt also im sozialen Vergleich auf die Bezugsgruppe an. Sprich, ich muss auch Glück haben, mit wem ich nach der Einschulung zusammen in eine Klasse komme.
Es existiert ein empirisch gesicherter Zusammenhang zwischen Selbstkonzept und schulischer Leistung, da ein hohes Selbstkonzept mit guten schulischen Leistungen und ein niedrigeres akademisches Selbstkonzept tendenziell mit schlechteren schulischen Leistungen einhergeht. Daran angeknüpft sind auch entsprechende Selbstwirksamkeitserwartungen und die Lern- und Leistungsmotivation. Interessant ist, dass kurz nach dem Schuleintritt fast alle Kinder ein positives Selbstkonzept zeigen, nahezu alle Kinder zeigen einen „kindlichen Überoptimismus", das akademische Selbstkonzept ist entsprechend hoch. Im Verlauf der Grundschulzeit sinkt allerdings dieser Optimismus und es kommt zunehmend zu einer realistischeren Einschätzung der eigenen Fähigkeiten und Fertigkeiten (vgl. Ehm et al. 2011, S. 38).
Tenberge (2003) hat in ihrer Studie die Persönlichkeitsentwicklung in handlungsintensiven Lernformen im naturwissenschaftlich-technischen

Sachunterricht untersucht und nutzt dafür die Persönlichkeitsbereiche Fähigkeitsselbstkonzept und Selbstwirksamkeitserwartungen. Sie beschreibt das sachunterrichtliche Fähigkeitsselbstkonzept als „kognitive Komponente der eigenen Fähigkeiten in Bezug auf den Inhaltsbereich Sachunterricht" (ebd., S. 109) und „[m]it Selbstwirksamkeitserwartungen sind Überzeugungen gemeint, über die notwendigen personalen Ressourcen zur Bewältigung schwieriger Aufgaben zu verfügen" (ebd., S. 109f.). Die Ergebnisse der Untersuchung deuten darauf hin, dass handlungsintensive Lernformen beide Persönlichkeitsbereiche positiv verändern und somit eine bedeutsame Unterrichtmethode für die Persönlichkeitsentwicklung darstelle (vgl. ebd., S. 120). Auch sei das Interesse an selbstbestimmtem Unterricht größer als an einem stärker instruktiven Unterricht (vgl., ebd., S. 121), was die Befunde von Hartinger (1997) zur Interessenförderung stützt.
In Bezug auf den Sachunterricht ist daher der bereits oben beschriebene Ansatz von Kaiser & Miller (2009) zentral, nämlich dass *die Sache* eine entscheidende Brücke zwischen Elementar- und Primarbereich sein könne, weil dadurch möglicherweise vermieden werde, dass Kinder schon die ersten Einbrüche in ihrem Selbstwertgefühl haben, weil sie kognitive Probleme beim Erkennen der symbolischen und formalen Systeme von Schriftsprache und Mathematik haben (vgl. ebd., S. 81). Andererseits zeigen Studien, dass das Belastungserleben von Kindern in Bezug auf den Stressor „Schuleintritt" bei den meisten auch wieder abnimmt, allerdings kann das Stresserleben bei einzelnen Kindern bestehen bleiben (vgl. Lohaus 2018, S. 165).
In einer Studie von Velten (2020) wurden mit Hilfe von 22 Kinderinterviews untersucht, wie Kinder ihre eigene Selbstwirksamkeit im Übergang Kindergarten/Schule erleben. Sie legt für ihre Arbeit eine Definition zur Selbstwirksamkeit von Bandura (1997) zugrunde: „beliefs in one's capabilities to organize and execute the courses of action required to produce given attainments" (ebd., S. 3), d.h. es geht um den Glauben an die eigenen Fähigkeiten und Kompetenzen, die für die Erreichung bestimmter Ziele notwendig sind, „capabilities" werden als Möglichkeiten, Befähigungen, Verwirklichungschancen verstanden (vgl. ebd., S. 70f.). Velten (2020) unterscheidet das Konstrukt der Selbstwirksamkeit dadurch von den Konstrukten des Selbstkonzepts und der Selbstwahrnehmung, da hier ein aktionaler Charakter vorliegt, da es darum geht, wie eigener Handlungserfolg durch eigene Kompetenzen und Anstrengungen erreicht werden kann. Diese beruhen auf Selbstwirksamkeitserfahrungen, die bereits gemacht wurden. Die Wahrnehmung der Selbstwirksamkeit beziehe sich auf selbstgesetzte und selbstbezogene Ziele und weniger auf fremdgesetzte Ziele und ist mit einem hohen Grad an Autonomie verbunden (vgl. ebd., S. 70f.). Für ihre Untersuchung legt Velten (2020) die Annahme zugrunde, dass Selbstwirksamkeit einen positiven Einfluss auf Lern- und Entwicklungsprozesse aufweist. Sie befähigt den Menschen, „seine Handlungen als aktives Subjekt zu planen und zu interpretieren als auch durch seine Handlungen aktiv seine Umwelt zu beeinflussen. Selbstwirksamkeit wird als „Schlüsselfaktor" dafür angesehen, dass Kinder einen guten Schulstart haben und eine positive weitere Entwicklung nehmen" (ebd., S. 112). Im Übergang zwischen Kindergarten und Schule sei es wichtig, vielfältige Selbstwirksamkeitserfahrungen zu unterstützen, um einen positiven Schulfang zu ermöglichen. In der Studie von Velten (2020) werden

daher verschiedene Zielsetzungen benannt, u.a. geht es um eigene Selbstwirksamkeitserfahrungen und die Wahrnehmung eigener Selbstwirksamkeit und Selbstwirksamkeitserwartungen in Kita und Grundschule. Des Weiteren gehe es um Hinweise darauf, was Kinder im Übergang benötigen, um sich stark und wirkungsvoll zu fühlen und welche Rolle die Erzieher:innen und Lehrkräfte dabei haben. Die Ergebnisse zeigen, dass zwei Drittel der befragten Kinder ihre Handlungskompetenzen und Handlungsmöglichkeiten hoch einschätzen. Demgegenüber stehen knapp ein Drittel der Kinder, die eher niedrige Selbstwirksamkeitserwartungen aufweisen. Dies decke sich auch mit anderen Untersuchungen, die darauf hinweisen, dass ein Drittel der Kinder Anpassungsschwierigkeiten im Übergang zur Grundschule zeigen. Veränderungen von Selbstwirksamkeitserwartungen sind auf Veränderungen des Selbst- und Mitbestimmungserlebens zurückzuführen. Da es ein Anliegen der Untersuchung war, Aussagen darüber zu bekommen, was Kinder im Übergang benötigen, um sich stark und wirkungsvoll zu fühlen, konnte ermittelt werden, dass sich Kinder insbesondere in Spielsituationen und bei körperlich-motorischen Aktivitäten ohne Beteiligung von Erwachsenen selbstwirksam erleben (vgl. ebd., S. 361ff.). Velter (2020) schlussfolgert für den Unterricht, dass auch für die Lernphasen anzunehmen sei, „dass sich ein höherer Grad an Interessenorientierung und Selbstbestimmung nicht nur positiv auf die Selbstwirksamkeit und dementsprechend auf die Persönlichkeitsentwicklung der Kinder auswirkt, sondern auch zu Lernerfolg führen kann" (ebd, S. 370). Hier schließt sich dann wieder der Kreis im Zusammenhang zwischen Autonomieerleben und Interessenförderung (z.B. Hartinger 1997).

Seit den Ergebnissen der ersten PISA-Studie (Baumert et al. 2000) vor etwas mehr als 20 Jahren wurde auch darüber diskutiert, wie Erkenntnisse aus der Hirnforschung für einen verbesserten Unterricht sorgen können: „Mit Blick auf die neurobiologischen Grundlagen des Lernens sollte Unterricht vor allem handlungsorientiert und schülerzentriert gestaltet werden, und in den Schulen sollte eine neue Fehlerkultur Einzug halten" (Becker 2014, S. 209), wissenschaftstheoretische und methodologische Fragestellungen wurden allerdings weitgehend ausgeblendet. Seit dieser Zeit hat die Anzahl der Veröffentlichungen zu dieser Thematik stark zugenommen, Aufbau und Funktionsweisen verschiedener Hirnregionen und Neurotransmitter wurden genutzt, um die pädagogische Relevanz für den Unterricht herauszuarbeiten (vgl. Becker 2014, S. 2014f.): „Summa summarum erwarten die Autoren [sic!] von den Neurowissenschaften theoretisch und praktisch relevante Einsichten, zu denen die Pädagogik nicht gelangen könne, weil sie „lediglich" Verhalten beobachten und Leistungen messen, nicht jedoch die Ebene der neuronalen Korrelate erfassen könne" (ebd., S. 2014). Ein Problem sei, dass nicht deutlich werde, warum Erkenntnisse aus der Neurobiologie verlässlicher seien als sozialwissenschaftliche oder psychologisch-experimentelle Forschung (vgl. ebd.). Auch im Zusammenhang mit Lehr-Lern-Forschung konnten zwar interessante Ergebnisse gezeigt werden, konkrete Zusammenhänge oder Effekte können jedoch nicht immer aufgezeigt werden (vgl. ebd.). Abschließend verbleiben daher zwei Perspektiven: Zum einen die Perspektive, die eine Integration neurowissenschaftlicher Erkenntnisse in die Pädagogik sieht und zum anderen die Perspektive, die auf eine kritische Auseinandersetzung setzt (vgl. ebd. 2014). Davon abzugrenzen seien zahlreiche pädagogische- und Neuromythen oder sogenanntes hirngerechte Lernen, die empirisch kaum auf gesicherten Boden stehen wie z.B. Übungen zur Hemisphärenasymmetrie oder Lerntypenerhebungen (vgl. Becker, 2006).

Im Folgenden seien einige Erkenntnisse des Neurowissenschaftlers Roth dargestellt, der den Zusammenhang zwischen Lernprozessen und neurowissenschaftlichen Erkenntnissen in zahlreichen Schriften veröffentlicht hat:

Beim Lernen spielt das limbische System als zentrales Bewertungssystem eine Rolle (vgl. Roth 2006, S. 52). Im limbischen System wird auch über den Lernerfolg entschieden, es wird abgeglichen, wie wir uns beim Lernen verhalten, also ob es sich lohne, z.B. für Vokabeln zu üben oder der Lehrkraft zuzuhören. Faktoren, die beim Lernen eine zentrale Rolle spielen, sind neben emotionalen und kognitiven Lernvoraussetzungen die Motiviertheit und die Lernbereitschaft der Schüler:innen. Dabei spielt auch das Vorwissen eine bedeutsame Rolle, wichtig sei auch der spezifische Lehr- und Lernkontext (vgl. ebd., S. 53). Unterschiedliche Lernvoraussetzungen erfordern im Prinzip eine unterschiedliche Anpassung, das sei aber im Schulalltag eine kaum zu bewältigende Aufgabe. Stattdessen könne die Lehrkraft den Schulstoff vielgestaltiger präsentieren (vgl. ebd., S. 55). Dies schließt an die weiter oben beschriebenen Repräsentationsebenen von Bruner (1970, 1974) an, der unterschiedliche Repräsentationsformen (enaktiv, ikonisch, symbolisch) sowie Abstraktionsgrade und damit verschiedene Zugänge zu einem Lerngegenstand beschreibt. Verschiedene Zugänge können auch durch eine Methodenvielfalt erreicht werden.

Im Zusammenhang mit Interesse, Motivation und dem Anknüpfen an das Vorwissen von Schüler:innen spielt wiederum Noradrenalin eine Rolle. Noradrenalin hat nicht nur die Eigenschaft, ein Hormon zu sein (s.o.), sondern dient auch als Neurotransmitter. Das sind Botenstoffe, die für die Signalübertragung zwischen Nervenzellen zuständig sind, sie geben also wichtige Informationen z.B. an das Gehirn oder an ein anderes beliebiges Organ weiter. In diesem Fall sorgt Noradrenalin für eine Erhöhung der allgemeinen Aufmerksamkeit. In Bezug auf Neugier und Belohnungserwartung ist Dopamin als Neurotransmitter zentral und schließlich sorgt der Neurotransmitter Acetylcholin für die gezielte Aufmerksamkeit und Konzentration (vgl. Roth 2006, S. 57). Diese Systeme sind für das Lernen zentral und bekannt sei, „dass die Stärke des emotionalen Zustandes, den der Schüler [sic!] als Interesse, Begeisterung und Gefesseltsein empfindet, mit der Gedächtnisleistung positiv korreliert" (ebd., S. 57). Diese emotionale Komponente spiegelt sich auch in der Rahmenkonzeption der pädagogischen Interessentheorie wider (vgl. Schiefele et al. 1983; vgl. Krapp 2010, S. 311ff.). Zum Interesse gehören demnach drei Merkmale: Der kognitive Aspekt, die emotionale Komponente und die hohe Wertschätzung des betreffenden Gegenstandbereichs (vgl. Schiefele et al. 1983; vgl. Hartinger 1997, S. 20ff.). Die emotionale Komponente drückt aus, dass „die auf einem Interesse beruhende Handlung mit positiven Erlebnisqualitäten bzw. Gefühlen verknüpft ist" (Krapp 1999, S. 400).

Dies unterstreicht auch wiederum, dass im Unterricht Zugänge geschaffen werden müssen, die die Interessen von Kindern fördere. Hartinger (1997) bilanziert aufgrund seiner Studie, dass das Interesse von Kindern gefördert werde, wenn der Unterricht handlungsorientiert und Lernen in weiten Teilen selbstbestimmt sei (vgl. ebd., S. 238). In diesem Zusammenhang ist eine ältere Studie von Lundberg & Frankenhäuser (1980) interessant: Studierende empfanden bei einer herausfordernden Aufgabenstellung zwar Stress, die Cortisolwerte stiegen jedoch nur, wenn der Zeitdruck zu groß war. Bei einer Kontrollmöglichkeit des Tempos stieg der Cortisolspiegel nicht. Dies zeigen auch andere Untersuchungen, bei denen die eigene Kontrolle der Bedingungen wie z.B. die Kontrolle der Lärmbelästigung, einbezogen wurden: Bei eigener Kontrolle stiegen die Cortisolwerte nicht an (vgl. Rüegg 2007, S. 82).

Roth (2006) stellt dar, dass sogenanntes „Pauken“ eine problematische Lehr- und Lernmethode sei. Dieses mechanisch erworbene Wissen sei so nicht auf andere Gebiete übertragbar, weil es keine Bedeutsamkeit hat, mit dem man weiterarbeiten könne. Daher gehe es um das „selbstständige Durchdringen des Stoffes“ und um Vernetzung des Wissens, daher ist das Anknüpfen an Vorerfahrungen auch aus neurowissenschaftlicher Sicht für das Lernen unabdingbar (vgl. ebd., S. 58). Schließlich sei auch aus neurowissenschaftlicher Sicht der spezifische Lehr- und Lernkontext wichtig: „Lerninhalte, die in schäbigen Klassenzimmern, in einer konfliktträchtigen und furchteinflößenden Umgebung von lustlosen Lehrern [sic!] vermittelt werden, haben deshalb eine geringe Chance, dauerhaft im Gedächtnis verankert zu werden“ (ebd., S. 58). Dies heißt jedoch nicht, Lernen „entspannt und „kuschelig““ und ohne „Anstrengung auf niedrigstem Niveau“ zu ermöglichen, denn ein leichter, anregender Stress sei generell lernfördernd, da hierbei Noradrenalin ausgeschüttet werde, der in geringen Dosen das Gehirn aufnahmebereiter macht (vgl., ebd., S. 56). Stern (2006) unterstreicht, dass die schlechten Ergebnisse der Vergleichsstudien wie z.B. PISA (Baumert et al. 2000) nicht durch Störungen der Dopaminausschüttung zu erklären sei, sondern mit einem wenig anregenden Unterricht (vgl. ebd., S. 84). Aus Studien würde verdeutlicht, wie Lernumgebungen gestaltet sein müssen, damit Schüler:innen gefesselt würden: „Man konfrontiert sie mit Anforderungen, die sie nicht auf Anhieb bewältigen können, für deren Lösung die aber bereits Vorwissen mitbringen“ (ebd., S. 85). Auch hier wird wieder unterstrichen, wie wichtig es ist, dass der Unterricht bzw. deren Inhalte anspruchsvoll sind und wir Kinder herausfordern dürfen.

II Erprobung in der Praxis – das erste Schuljahr

7. Der Anfang

Am 06.09.2021 werden 24 Kinder in die beobachtete bilinguale Deutsch-Französisch-Klasse eingeschult: Sechs Mädchen und 18 Jungen mit allen ihren Besonderheiten und Unterschiedlichkeiten. Am ersten Tag erkunden die Kinder erstmal ihren Klassenraum: Wo ist die Garderobe? Wo ziehe ich meine Schuhe aus? Wo hänge ich meine Jacke auf? Namenschilder werden aufgestellt, Elternmappen für die wichtigen Infos ausgeteilt. In diesen Zeiten gehört auch die Testung auf das Sars-Cov-2-Virus dazu: 24 Kinder waschen sich die Hände, 24 Kindern wird der Vorgang erklärt, 24 Mal werden Teststäbchen ausgepackt und angewendet. Im Land Bremen handelt es sich in den ersten Wochen um einen PCR-Pooltest, sodass die Stäbchen nur wieder eingesammelt werden müssen.

In der ersten Stunde findet auch der allererste Morgenkreis der Klasse statt. Jeder Gruppentisch hat einen farbigen Punkt, die Kinder kommen gruppenweise gemäß der Farbe ihrer Teppichfliesen nach vorne, setzen sich und versuchen einen Kreis zu bilden. Der Kreis muss erst zu einem Kreis werden. Die Klassenlehrerin, Christine Boyer, zeigt einen kleinen Ball, der wird weitergereicht, jedes Kind nennt seinen Namen und seine Lieblingsfarbe. Und nennt den Namen des Nachbarn oder der Nachbarin. Namen sollen kennengelernt werden, ein bisschen „Warming-up" an diesem aufregenden ersten Morgen in der Klasse. Es folgt eine kleine Rechenaufgabe: Wie oft wurde Rot als Lieblingsfarbe benannt, wie oft Blau usw.. Manche Kinder haben es eilig mit der Antwort, andere sind zurückhaltender: Es zeigt sich schon eine große Vielfalt in diesem ersten Morgenkreis. Dann die erste Pause: Das erste Frühstück in der Schule, während eine Geschichte vorgelesen wird und dann kommt endlich die Hofpause mit Toben, Rennen und Spielen. Nach der Pause geht es weiter: Die Materialien der Kinder wie z.B. Tuschkästen und Hefter werden in ihre jeweiligen Fächer gepackt. Es gibt eine erste Aufgabe zu lösen: Auf ein Arbeitsblatt mit einer kleinen Schultüte werden die Dinge gezeichnet, die sich bei der Einschulung in der eigenen Schultüte befanden. Sie werden anschließend an die Tafel geklebt und dienen als Gesprächsanlass für den Morgenkreis am nächsten Tag. Es werden noch Regeln erklärt, z.B. dass ich mich melden muss, wenn ich etwas sagen möchte oder dass ich einfach beide Arme hebe, wenn ich zur Toilette gehe. Eine erste Hausaufgabe wird gegeben und schon ist der erste Schultag zu Ende.

Der nächste Tag. Die erste Hausaufgabe wird nachgesehen, eine Zeichenaufgabe mit Schultütenpaaren, die einander zugeordnet werden sollten - wie beim Memory. Der Morgenkreis muss sich wieder zu einem Morgenkreis formieren, heute geht es schon ein kleines bisschen besser. Christine Boyer überlegt, ob auf dem Boden Klebepunkte angeordnet werden müssen, um die Sitzordnung zu erleichtern. Es zeigt sich aber in den nächsten Tagen, dass es auch ohne Klebepunkte geht. Ein Lied wird eingeführt, ein Kinderlied, das in unterschiedlichen Sprachen den Morgen begrüßt. Und es wird noch etwas eingeführt, ein Ritual, das die Kinder in den nächsten vier Jahren begleiten wird. Reihum wird auf französisch den Nachbarn oder die Nachbarin gefragt, wie es ihnen geht und die Kinder antworten jeweils entsprechend ihrer Befindlichkeiten. Wichtig ist, dass die Kinder lernen, über ihre Gefühle zu sprechen, es muss also nicht nur bei der kurzen Antwort bleiben, ich kann auch beschreiben, warum ich mich heute z.B. gut oder schlecht fühle. Der Gesprächsanlass von gestern (Schultüten, die bemalt wurden) wird aufgegriffen. Wer möchte, darf aufstehen und die eigene Schultüte präsentieren und beschreiben, was gezeichnet wurde. Worauf muss ich achten? Beispielsweise darauf, dass ich deutlich spreche und mich der Gruppe zuwende. Erste Schritte zur Gestaltung einer Präsentation. Und es gibt noch ein Ritual in Form eines Begleiters: Jules, das Klassenmaskottchen. Jules hat Radiergummis und Stifte mitgebracht und jeden Tag darf Jules bei einem anderen Kind sitzen. Ich kann Jules auch etwas erzählen, z.B. wenn ich Kummer habe. Ein bisschen Sicherheit und Unterstützung in dieser ersten Schulzeit. Und es gibt noch etwas: Einen Glücksstein, den sich jedes Kind aus einer Tüte ziehen darf. Auf diesen Stein muss ich gut aufpassen. Nach dem Morgenkreis gibt es eine Schulführung: Wo ist der Musikraum, wo ist die Turnhalle, wo der Leseclub? In der Pause das gleiche Ritual, das wird auch vier Jahre bleiben. Frühstück mit Vorlesen einer Geschichte und anschließender Hofpause. Dann gibt es wieder eine Hausaufgabe mit ersten Buchstaben. Viele Kinder freuen sich, sie erkennen Buchstaben wieder, ein Kind kann schon sehr gut lesen. An diesem zweiten Tag bekommen die Schüler:innen ein leeres Heft ohne Linien, ohne Kästchen. Es ist einfach ein Blanko-Heft, das „Forschungsheft“ genannt wird. Es dient nicht dazu, Forschungsaufzeichnungen zu machen, sondern es ist eine Einladung für alles, was die Kinder interessiert. Sie können in das Heft zeichnen, schreiben oder was auch immer sich anbietet. Dieses Heft wird sie eine lange Zeit begleiten und es wird noch sehr wichtig für den Sachunterricht werden. Es steht in jeder freien Zeit zur Verfügung. Einige Kinder beginnen sofort zu zeichnen. In einige Forschungshefte werden Vulkane gezeichnet, ein Anlass zum Nachfragen. Eine Gruppe von Kindern schließt sich an und zeigt ebenfalls ihre Zeichnungen von Vulkanen (Abb. 4):

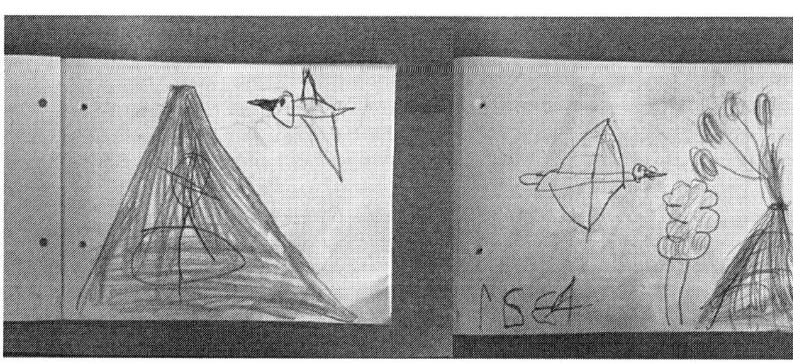

Abb. 4: Einige Kinder zeichnen in ihr neues Forschungsheft Vulkane

Die Zeichnungen geben Gesprächsanlässe, die es ohne das Forschungsheft nicht gegeben hätte. Ein Kind interessiert sich z.B. dafür, wie Vulkanausbrüche entstehen. Ein anderes Kind hat dazu Theorien, die es mit Hilfe seiner Zeichnung erläutert. Ein Junge erzählt, dass die Erde aus mehreren Schichten bestehe und in der Mitte ein Erdkern existiere. Ein

anderes Kind denkt, dass im Inneren die Lava immer mehr wird und sie dann irgendwo hin muss. Das wäre jetzt ein guter Anlass, um in den Sachunterricht einzusteigen.
Doch in den nächsten Tagen steht die Entwicklung zum Schulkind im Vordergrund. Es werden Regeln besprochen, es gibt Hausaufgaben, es gibt Differenzierungsmöglichkeiten z.B. für die Kinder, die schon besonders gut rechnen oder schreiben können. Freie Zeiten werden für das Forschungsheft, zum Lesen und Angucken der Sachbücher verwendet oder für freie Aufgaben genutzt. Der Wochenplan wird erklärt und es werden bereits Stationen für Deutsch und Mathe eingeführt. Die Kinder nehmen das alles sehr dankbar an, sie können nach ihren Fähigkeiten wählen. Der Junge, der bereits fließend liest, hat gern Bücher oder Hefte dabei, die er vorstellt und den anderen zeigt. Immer wieder ergeben sich interessante Dialoge unter den Kindern. So möchte ein Kind wissen, wann die Erde und die Menschen entstanden seien und dass es den Urknall gab. Ein Kind erwidert, dass Gott die Erde erschaffen habe. Es ist also höchste Zeit, mit Sachunterricht zu beginnen. Die Kinder kennen die Bezeichnung „Sachunterricht" anders als Mathe- oder Deutschunterricht meistens noch nicht, daher wird mit einem Gespräch über den Sachunterricht begonnen.

7.1. Das erste Klassengespräch im Sachunterricht

Im Folgenden ist das allererste Gespräch in dieser ersten Klasse dargestellt (I = Impulsgeberin; S = Schüler:in):

I: Hier steht das ja schon [zeigt auf den Stundenplan]: Wir haben heute Sachunterricht. Das steht ja da, wo der Pfeil ist und dann haben wir eine Frühstückspause und eine Hofpause und danach geht's noch weiter mit Sachunterricht. Ich weiß ja eigentlich, was Sachunterricht ist, aber ich kann mir vorstellen, dass Jules [das Klassenmaskottchen] gar nicht weiß, was Sachunterricht überhaupt bedeutet. Heute ist Jules bei [...]. Vielleicht kann [...] ja Jules holen, damit Jules lernt, was überhaupt Sachunterricht ist.
S: Der versteckt sich wieder hinter dem Vorhang.
I: Ja und wenn Ihr jetzt nochmal an Sachunterricht denkt. Bei Deutsch und Mathe wusstet ihr ja wahrscheinlich, was ihr da lernt. Was würdet ihr Jules erzählen, was Sachunterricht ist?
S: Also, bisher habe gelernt, dass Sachunterricht ist, wo man lernt von die Körper, von Pflanzen, das ist fast das gleiche wie Biologie. [unverständlich]. Und da kann man sagen, dass es auch Elektronik gibt. Und da kann lernen von die Menschenkörper und so weiter.
I: Das ist ja schon mal toll. Was würdet ihr denn sagen, was noch dazugehört?
S: Das heißt, dass man auch Sachen von die Welt lernt.
I: Was können das für Sachen sein, die man von der Welt lernt?
S: Pflanzen, Kinder.
I: Ich guck mal, ich glaube, ich habe zufällig einen Globus mit. Dass ist toll, was du gesagt hast, dass wir etwas über die Welt erfahren.
S: Die Elektro, das ist nicht gut, weil die Meere ein bisschen mehr oben und das Haus ist kaputt.

I: Ist Elektro so etwas wie Fabriken, also wo etwas hergestellt wird?
S: Dann muss man sich nicht wundern, wenn es keinen Baum mehr gibt.
S: Ich möchte auch noch etwas über Planeten erfahren.
S: Die Autos, die auf der Erde leben, sind nicht gut, weil die Motoren haben. Das ist nicht gut für die Tiere.
I: Das ist interessant, dass du das weißt, dass viele Autos nicht so gut sind. Womit hat das denn was zu tun?
S: Aus den Autos kommt auch CO_2 raus.
I: CO_2, was ist das denn?
S: Das hat meine Schwester in der Schule rausgefunden, das ist auch nicht gut wegen, weil die Menschen krank werden und deswegen fahre ich meistens mit dem Fahrrad.
S: Wenn ein Planet auf die Erde stürzt, kann eine ganze Insel kaputt sein.
S: Der allergrößte Meteorit ist auf die Erde gefallen und alle Dinosaurier sind gestorben.
I: Das ist ganz wichtig, was du gesagt hast.
S: Ich hab einen Film gesehen auf französisch über ganz kleine Dinos.
S: Und ich weiß, was die Explosion noch schlimmer geworden ist, weil dabei in der gleichen Zeit ist sogar ein Vulkan ausgebrochen.
I: Ein Vulkan.
S: Und ich wollte nochmal sagen, ich kenn auch was nicht Gutes, was immer wieder in Italien passiert.
S: Ich glaub, ich weiß, was du meinst.
S: Der Vesuv, Vulkan. Das ist einer der schlimmsten Vulkane und der hatte früher die ganze Stadt Vesuv die Asche gebrannt.
I: Das habe ich auch schon in der Klasse mitbekommen, dass sich einige Kinder dafür interessiert haben und wir darüber gesprochen haben.
S: In Pixi habe ich das auch schon gesehen und das war so eine kleine Stadt, aber man lernt auch, was in der Tiefe ist.
I: In der Tiefe des Vulkans?
S: Ja, und die Wasservulkane unter Wasser und es gibt immer mehr technische U-Boote, die immer ein bisschen tiefer, tiefer, tiefer, tiefer und man lernt immer mehr Sachen, Sachen, Sachen, weil er immer tiefer gehen kann.
I: Toll, das ist ja interessant.
S: Vielleicht ist der Meteorit in den Vulkan gestürzt und dann ist er ausgebrochen.
S: Es war mal früher ein Meteorit auf die Erde gefallen und dann sind die ganzen Länder auseinander gegangen.
I: Die sind auseinandergebrochen?
S: Das war früher zusammen und dann sind die ganzen Länder auseinander gegangen-.
S: Ich weiß, wie die Erde entstanden ist.
I: Oh, das möchte ich gerne wissen.
S: Als die Sterne explodiert sind, hat es eine Kugel geformt und die wurde immer größer und so entstand dann die Erde und danach war ein Meteorit auf die Erde gestürzt und danach haben die ganzen Länder auseinandergebrochen und so entstanden dann die ganzen Kontinente.
I: Das heißt, es gab vorher einen Kontinent?
S: Hm (Zustimmung). Das war die ganze Erde und da unter war nur Wasser und denn stand ja das Wasser und das hat sich auch verbreitet.

S: Ich weiß, wie die Insel auf die Erde gekommen sind. Erstmal waren die Unterwasservulkane hochgekommen, danach sind sie raus aus dem Wasser und danach ist es z.B. explodiert und danach ist es ein bisschen höher gekommen und danach kam so eine Insel. Und ich weiß auch, wie Lava in die Vulkane kommen. Von ganz unten in der Erde gibt es doch ein bisschen Lava und danach kommt es höher und höher und dann geht es zu hoch und die Lava explodiert aus dem Vulkan.
S: So tiefer man mit U-Booten fährt, so eingequetschter kann das U-Boot sein. Je tiefer man fährt, desto mehr verdrängt das Wasser das U-Boot.
I: Das heißt, das wird eingedrückt?
S: Ja.
I: Wie kommt das denn?
S: Je tiefer man fährt, desto mehr verdrängt es.
S: Ich weiß, wieso.
S: Ich habe zwei Sachen. Eine schlechte und eine gute. Die gute ist, die Erde ist entstanden, weil ganz große Risse an den Kontinenten entstanden sind und daraus ist der Lava und ganz schnell sind die Kontinente auseinandergekommen. Das kann sogar an Südamerika und Afrika sehen. Man kann sehen, dass hier und hier (zeigt es) zusammen waren.
I: Das heißt, es war mal ein Kontinent und dann ist es auseinandergebrochen.
S: Ja. Und die gute Sache ist. Nee, noch eine schlechte Sache. Dass der Globalwärme der Erde, der Erde kann sterben wegen der Globalwärme. Weil die Autos machen immer noch mehr Globalwärme. Wenn man Autos rausnimmt aus Globalwärme, würde alles besser gehen. Aber die Autos helfen, dass die Globalwärme größer wird und dass die Menschen Müll in die Strasse schmeißen oder z.B. in die Weser. Alle Flüsse gehen zu einem Meer und wenn man Müll in einen Fluss schmeißt, schmeißt man auch Müll in die Meer. Weil der Müll wird von der Fluss in die Meer gebracht.
S: Ich wusste, wie die Bäume und die Tiere entstanden sind. Erst gab es ganz viele Affen, dann kam plötzlich so ein Meteorit glaube ich und dann ist der aufgeschlagen und dann ist die Erde entstanden.
I: Das ist ja auch interessant.
S: Und ich wollte sagen, dass das alles mit Erdbeben entstanden ist.
I: Was sind denn Erdbeben?
S: Da rüttelt die Erde und dann entstehen so Risse und das gibt es auch ganz oft in Afrika.
S: Ich war mal in Afrika.
S: Ich weiß, wie die Erde entstanden ist. Zuerst war das nur Weltall. Dann ist die explodiert und dann sind die Sterne schon gekommen. Und dann die Sonne und das Mond. ... Und dann hat es geregnet und dann war da ganz viel Wasser und dann gab es Flüsse und dann zuerst gab es Bakterien. Das ist der erste Tier im Weltall.
I: Gut.
S: Ich weiß, wie Berge entstanden sind. Als die Kontinente sich zusammenschoben, gab es Risse unter Wasser und eine Fläche von dem Riss drücke sich unter die Platte und die Platte ist dann immer höher und höher und die Hälfte des Meeres ist dann ausgetrocknet und dann entstanden die Berge und die kamen dann immer höher und höher raus.
S: Ich wusste zwei Sachen: Der Berg kann auch aus anderen Sachen entstanden. Wenn Lava kommt, dann kann das hochgehen und immer mehr

Lava hochkommen und irgendwann ist das so hoch geworden. Das war so ein Vulkan, dann geht's immer höher und dann kommt ein Loch raus. Und dann will ich noch eine Sache sagen: Ich wusste einmal, dass die ganzen Kontinente zusammen waren, aber ich wusste auch, wie der Ding heißt, also da gab's ja nur einer, der ist kaputt gegangen und dann gab's alle Länder und die Länder sind auseinander gegangen.

Hofpause

*I: Was ihr eben alles erzählt habt und was ihr schon wusstet, das fand ich ganz, ganz toll. Ihr wolltet ja am Anfang Jules eigentlich erklären, was Sachunterricht ist. Dann haben wir ganz viel über Vulkane, über Erdbeben gesprochen, aber zwei Kinder hatten ja auch gesagt, das hat auch etwas mit Biologie zu tun oder das hat etwas mit Elektrizität zu tun, was Technisches und daher gebe ich einfach mal was Technisches herum (*Sonnenkollektor*). Das gehört nämlich auch zum Sachunterricht. Also nicht nur Erdgeschichte und Biologie, sondern das hier, wer weiß, was das ist?*
S: Ein Sonnenschutz, das habe ich in meinem Lexikon gesehen z.B. in einem Dachboden, wenn die Sonne da rein scheint, macht man einfach so etwas rauf, das blendet die Sonne wieder nach oben.
I: Ja, das ist eine sogenannte Solarzelle.
S: Ja, aber das einfach die Elektrizität von der Sonne nehmen, damit man nicht so Globalwärme gibt. Das nenne ich eine Sonnenplatte, weil man Sonne mitnimmt und daraus Elektrizität macht.
S: Man benutzt dieses Platten, damit man nicht so viel Geld ausgeben muss für den Strom.
I: Das gebe ich mal rum. Ihr seht, hier vorne ist die Solarzelle. Hier hinten ist eine kleine Lampe. Wenn ihr diese kleine Lampe beobachtet, also jetzt z.B., wenn ich die zu mir halte und die Solarzelle an die Deckenlampe halte, seht ihr, dass die leuchtet. Wenn ich meine Hände drauf mache, geht sie aus. Wir sprechen weiter und ich lasse es herumgehen. Dann können wir weiter über etwas sprechen, was noch zum Sachunterricht gehört.
S: Wann machen wir denn Sachunterricht?
S: Wir sprechen über Sachunterricht.
I: Ja, ich muss ja erstmal wissen, was euch so interessiert und was ihr so wisst. Was könnte noch zum Sachunterricht gehören?
S: Ich hab eigentlich zwei Fragen: Ich frage mich wie der Erdkern entstanden ist.
S: Und wie die Pyramiden gebaut wurden.
I: Das finde ich toll, dass du das sagst mit den Pyramiden.
S: Die Menschen haben ja soviel Sand und denn haben sie Sand aus den Flüssen und der Weg ist zu weit und dann haben die Schienen gebaut und darauf so eine kleine Bahn gebaut und damit konnten sie (...) die Pyramiden bauen. Und wenn das alles getrocknet ist, wurden die Pyramiden gemacht und danach haben sie die ganzen Fallen eingebaut. Und das Wasser verirrte die Menschen alle, das Wasser.
I: Ich habe ja gefragt, was alles zum Sachunterricht gehört und weiß du, was das für ein Fach ist? Menschen beschäftigen sich ja damit, was früher war, was ist das wohl für ein Fach?
S: Ich weiß noch was, wie die Erde entstanden ist.

S: Manche Prinzen und Könige und Pyramiden. Als erstes wurde eine komische Pyramide mit Treppe gebaut und dann haben so welche andere, die größer waren. Und dann wollte ein König die beste Pyramide machen, aber das wurde eine Knickpyramide und dann als nächstes wurde die größte Pyramide.
I: Knickpyramide, das ist ja interessant.
Lehrerin: Wir haben es aber nicht gelöst. Wie heißt das denn, wenn man sich beschäftigt mit dem, was früher war?
S: Uraltzeit?
S: Altzeit?
Lehrerin: Früher hat man sich getroffen und man hat sich etwas erzählt. Man hat erzählt, was früher passiert ist. Z.B. meine Oma hat mir erzählt, wie das früher als Kind war.
I: Oder wie war früher Schule?
S: Ich weiß. In der Schule gab es immer manchmal keine Pausen.
Lehrerin: Aber wie heißt dieses Fach, das man guckt, wie das früher war?
S: Das Forscherfach?
Lehrerin: Das Forscherfach ist auch wichtig, das gehört dazu.
S: Geschichtenfach
Lehrerin: Wenn meine Oma mir erzählt hat, wie das war als sie in die Schule gegangen ist, das ist Geschichte.
S: Jetzt möchte ich gern meine Frage stellen. Wie ist eigentlich der Urknall entstanden?
I: Das Fach Geschichte befasst sich mit Ereignissen, die noch nicht so lange her sind. Und deswegen ist das so toll mit den Pyramiden, was du gesagt hast, weil das auch zu Geschichte gehört.
S: Die machen das mit dieser alten Schrift von die alten Ägypten.
Lehrerin: Weißt du, wie das heißt?
S: Hieroglyphen.
I: Hieroglyphen, genau. Das ist eine ganz andere Schrift als die, die wir heute haben.
S: Die Erde ist entstanden durch Gott.
I: Es gibt verschiedene Theorien. Manche Menschen denken, dass die Erde durch Gott entstanden ist und es gibt auch andere Theorien.
S: Das stimmt aber.
I: So haben Menschen unterschiedliche Erklärungen, wie die Erde entstanden ist.
S: Die Theorie klingt auch ein bisschen komisch, weil das glaubt man nicht, weil der Urknall hätte Sachen machen oder andere Dinge erscheinen lassen und die andere Theorie, wie sollte man da Sachen erscheinen lassen? Das ist erstmal die große Frage.
I: Du meinst wie Gott das hat erscheinen lassen oder was meinst du?
S: Ja, wie hat er das erscheinen lassen?
I: Ja, das ist die Frage. Ist das möglich?
S: Ja.
S: Nee.
S: Doch.
S: Ich denke, das ist eine Theorie, die nicht sein kann. Könnte man ein Mensch einfach so finden, das in die Wolken lebt, das Flügel hat und das zaubern kann?
S: Ja, Gott kann zaubern.

S: Ja, aber, wieso? Hat er Flügel? Wohnt er in die Wolken? Aber die Wolken sind nicht stabil. Er kann nicht auf die Wolken laufen.
S: Er kann fliegen.
S: Nein.
S: Wie soll er schlafen?
S: Er schläft nicht.
S: Er ist ein Engel.
S: Ist er nicht.
S: Das ist kein Engel.
S: Die Menschen, die früher Pyramiden gebaut haben, waren meistens Steinzeitmenschen.
I: Aber wir waren ja gerade bei der Diskussion mit Gott. Das würde mich wahnsinnig interessieren.
S: Wer hat denn Gott erschaffen?
S: Also, der Gott müsste ja schlafen. Aber er müsste Zaubersaft haben. Er müsste unsichtbar sein und die Erde hat vielleicht er gemacht, aber man weiß das nicht. Aber vielleicht war er der erste Mensch auf der Welt, hat ne Frucht entdeckt. Eine Zauberfrucht, hat sie genommen und gegessen und dann wurde er Gott und hat die Erde entstanden.
S: Aber der Sohn von Gott ist Jesus Christus.
S: Genau.
S: Ich möchte wissen, wie die Menschen entstanden sind.
S: Die Menschen wurden erst zu Affen und dann langsam von Affen langsam, langsam, jahrelang hat es gedauert bis es endlich mal ein Mensch war.
S: Ich habe zwei Sachen. Eine von Ägypten und eine von Gott. Erstmal die von Gott. Ich habe eine Idee. Alle, die an Gott glauben, Finger hoch und alle, die an den Urknall glauben auch.
S: Ja, aber ich weiß, wie die alten Ägypter laufen. Die laufen so (macht es vor).
S: Ich wollte sagen, dass Gott hat nicht auf einem Bett, sondern auf einem Planeten wie der Saturn oder Mars geschlafen. Auf irgendeinen Planeten.

Dieses erste Klassengespräch zeigt viel Potenzial und viele Ideen wie man den Sachunterricht beginnen kann. Sogar der Beginn eines philosophischen Gesprächs über die Existenz von Gott zeigt sich.
Und es zeigt noch etwas: Wie wichtig kommunikativer Sachunterricht ist. Wer viel Raum für Gespräche gibt, wird auch viel erfahren. Auf den ersten Blick sind es viele Inhalte, wie sollen die jetzt alle abgearbeitet werden und passen sie überhaupt zum Curriculum? Was will ich erreichen? Was sind meine Lernziele und welche Kompetenzen sollen die Kinder entwickeln? Wenn Kinder etwas über Vulkane wissen wollen, was lernen sie daraus? Das sind Fragen, die zu klären sind.

7.2 Eine erste Methode im Sachunterricht

Der Sachunterricht zeichnet sich aber nicht nur durch eine hohe Inhaltsvielfalt aus, sondern auch durch eine große Methodenvielfalt, daher

sprechen wir auch darüber, wie man über die Sachen, die sie interessieren, etwas herausfinden kann.
Ein Kind sagt, man könne einen Vulkan erforschen, man muss ganz tief in den Vulkan einsteigen und dann kommt der Vulkanforscher oder -forscherin oben wieder raus. Ein anderes meint, um Dinosaurierknochen zu finden, müsse man ein Gerät haben, um den Boden abzusuchen. Eine weitere Antwort überrascht. Denn es wird gesagt, man könne auch die DNA erforschen (I = Impulsgeberin; S = Schüler:in):

S: „Wenn man einen Apfel hat, der bestimmte Eigenschaften hat und einen weiteren Apfel, der andere gute Eigenschaften hat. Dann werden die zusammengetan, damit aus beiden Äpfeln neue DNA kommt, aus dem ein neuer Apfel entsteht."
I: *„Kannst du den Kindern erklären, was DNA ist?"*
S: *„Also, alle Körper sind aus DNA aufgebaut, in allen Zellen ist DNA. Also als Beispiel: Wenn ein Mensch eine dicke Hand hat und ein anderer Mensch eine dünne Hand hat, dann kommt aus den beiden Händen eine neue Hand."*

Es gibt hier also schon Vorstellungen zu Vererbung und zur Desoxyribonukleinsäure. Auch wenn die Vorstellung zu diesem Molekül sicherlich noch rudimentär ist, ist das beeindruckend. Auf die Frage, was ein Experiment sei, kommt folgende Antwort:

S: „Ein Experiment ist, wenn man z.B. verschiedene Sachen zusammenmischt. Ich habe mal ein Experiment gemacht, da wurde Natriumhydrogencarbonat gemischt und dann ist das explodiert".

Wieder eine beindruckende Antwort und wieder ein Indiz dafür, dass Kindern etwas zugetraut werden kann.

Um mit Methoden exemplarisch im naturwissenschaftlichen Sachunterricht zu beginnen, bietet sich ein offener Ansatz an, der eine Fragestellung beinhaltet. Es geht in diesem Fall um das nicht-newtonsche Fluid, bestehend aus Maisstärke und Wasser. Dieses Gemisch hat ungewöhnliche Eigenschaften, denn es ist weder ein reiner Feststoff noch eine reine Flüssigkeit: Bei Krafteinwirkung z.B. durch schnelles Eintauchen der Finger, fühlt es sich fest an, während es sich eher flüssig einfühlt, wenn die Krafteinwirkung sanft ist. Dadurch könnte man sogar schnell darauf laufen, ohne zu versinken. Bei einer Kräfteeinwirkung kommt es zu einer Verdichtung bzw. Verfestigung des Gemischs (vgl. Brown et al. 2010; vgl. Waitukaitis & Jaeger 2012; vgl. Kayser o.J.).

Das ist eine der zentralen Eigenschaften nicht-newtonscher Fluide: Die Viskosität (Zähigkeit) ist nicht konstant:

„Bei der Kunststoffverarbeitung, der Herstellung von Baustoffen, Lebensmitteln, Kosmetika und pharmazeutischen Produkten, in der Biotechnologie und anderen verfahrenstechnischen Bereichen, aber auch im menschlichen Körper [z.B. Blut] begegnet man häufig nichtnewtonschen

Fluiden. Solche Stoffe besitzen beispielsweise nichtlineare Fließ- und Dehneigenschaften [...]" (Böhme 2000, S. 120).

Bei newtonschen Fluiden hingegen liegt ein linear viskoses Fließverhalten vor, d.h. es handelt sich um eine belastungsunabhängige Viskosität:

„Viele in Natur und Technik vorkommende niedermolekulare Flüssigkeiten wie Wasser, Minerale, Alkohole oder einfache Kohlenwasserstoffverbindungen genügen diesem newtonschen Reibungsansatz unter "normalen" Prozeßbedingungen weitgehend" (Böhme 2000, S. 15).

Anders ausgedrückt: Unter gleichen Bedingungen ändert z.B. Wasser sein Verhalten bei gleicher Temperatur nicht, wenn unterschiedlicher Druck ausgeübt wird.
Bei der Frage an die Kinder geht es jedoch nicht um Erklärungen auf der physikalisch-molekularen Ebene, sondern um eine ganz offene Fragestellung:

„Ich habe hier einen Brei mitgebracht und weiß nicht, aus was er besteht. Ich kann mir aber vorstellen, dass ihr herausfindet, was in diesem Brei drin sein könnte."

Die Kinder bekommen dazu gruppenweise (à vier Kinder) eine Schüssel mit einem Maisstärke/Wasser-Gemisch (400 g Maisstärke + 350 g Wasser). Die Maisstärke wird vorher in die Schüssel geschüttet und nach und nach das Wasser zugegeben. Es ist wichtig, dass der Brei dabei mit der Hand gerührt wird und die Herstellung sollte nicht länger als eine Stunde vor Beginn erfolgen.
Da die Erarbeitung in Gruppenarbeit erfolgt, werden schon in dieser zweiten Woche Gruppentische gebildet. Die fördern die Kommunikation der Kinder untereinander, sind aber gerade wegen der vermeintlich unkontrollierten Kommunikation bei Lehrkräften gerade im Anfangsunterricht nicht unbedingt beliebt. Diese Kinder haben aber Glück: Christine Boyer gibt den Kindern Raum für Kommunikation und so bilden sich in dieser großen Klasse mit 24 Kindern sechs Gruppentische, die vorerst auch bleiben. Um größere „Unfälle" zu vermeiden, ist es ratsam, die Tische vorher mit Zeitungspapier oder Folie abzudecken.

Zunächst geht es darum, dass die Kinder den Brei erkunden. Sie können hineinfassen, hineinpieken, umrühren usw.. Schüler:innen, die den Brei nicht anfassen möchten, können z.B. einen Löffel zu Hilfe nehmen. In dieser ersten Annäherung geht es um die Untersuchung des Gemischs, um die Konsistenz: Wie fühlt es sich an? Welche Eigenschaften hat es? Ist es fest oder ist es flüssig? (Abb. 5)

Abb. 5: Der Brei wird erstmal erkundet

Wie geht es weiter? Die Aufgabe ist ja auch herauszufinden, aus welchen Bestandteilen die Mischung besteht. Dazu gibt es jetzt weitere Materialien pro Gruppentisch: Teesieb, Kaffeefilter mit Filterpapier und ein Glas. Was passiert, wenn ich die Masse durchsiebe? Bleibt etwas im Filter hängen? Kommt Wasser im Glas an? Es ist ein erstes Trennungsverfahren, das hier erlernt wird; hier kann ich herausfinden, wie ich Stoffe auftrennen kann (Abb. 6).

Abb. 6: Die Schüler:innen versuchen, den Brei aufzutrennen

Was bleibt übrig? Was sehe ich im Filter, was im Glas? Schnell wird deutlich, dass im Papierfilter ein fester Klumpen übrigbleibt und sich im Glas etwas gefärbtes Wasser sammelt. Was ist nun die Schlussfolgerung? Es gibt erste Vermutungen, um was es sich bei dem festen Klumpen handeln könnte: Mehl, Kleister, Kleber ... Den Kindern fällt auf, dass der getrocknete Brei auf der Handoberfläche ein ähnliches Gefühl hinterlässt wie das Mehl beim Kekse backen. Maisstärke kennen die meisten Kinder nicht, aber Mehl. Dabei wird es bei der Erklärung für die Kinder auch bleiben: Es handelt sich um einen mehlartigen Stoff, der als Maisstärke bezeichnet wird. Nur Maisstärke hat diese besondere Eigenschaft, nicht aber gewöhnliches Mehl. Der erste Bestandteil ist gefunden, aber was befindet sich nach dem Filtern im Glas? Schnell kommen die Kinder darauf, dass es sich um Wasser handeln müsste, etwas verfärbt durch die Stärke. Der Brei besteht also aus zwei Bestandteilen: Maisstärke (Mehl als Synonym) und Wasser. Aber warum ist das Gemisch mal flüssig und mal fest? Eine fachlich fundierte wissenschaftliche Erklärung (s.o.) scheint ungeeignet, also muss ich mit Modellen arbeiten. Im Internet gibt es einige seriöse Quellen, die das Phänomen beschreiben, z.B. ein Video der Georg-August-Universität Göttingen (o.J.). Hier wird unter dem Titel *Zauberhafte Physik – Nicht-Newton'sche Flüssigkeit* das Phänomen modellhaft erklärt:

„Ein Modell, was das Phänomen veranschaulichen kann, sind Baumstämme auf einem Fluss. Zunächst schwimmen sie im Wasser mit dem Fluss mit. Wird aber ein seitlicher Druck ausgeübt, verkanten sie sich und bilden eine Art Staudamm".

Es kann also das Modell der Baumstämme genutzt werden, um zu erklären, dass sich bei großem Druck z.B. durch die Finger die Stärke (Baumstamm)-Teilchen verhaken und der Brei ganz fest wird (Staudamm). Wird ein wenig Druck ausgeübt, verhaken sich die Stärke (Baumstamm)-Teilchen nicht und die Teilchen können (im Fluss) fließen.
Beeindruckend ist, dass einige Kinder wünschen, dass das Rezept an die Tafel geschrieben wird. Sie nutzen daraufhin ihr Forschungsheft, um es abzuschreiben. Erste schriftliche Notizen eines Arbeitsauftrags. (Abb. 7).

Abb. 7: Viele Kinder schreiben das Rezept für den Brei in ihr Forschungsheft

Was haben die Kinder jetzt gelernt? Der *Perspektivrahmen der Gesellschaft für Didaktik des Sachunterrichts* (2013) gibt dazu viele Bezugsmöglichkeiten innerhalb der naturwissenschaftlichen Perspektive (vgl. ebd.).

Dieser erste Abschnitt hat nicht nur viele Inhalte, Themen und Interessen der Kinder offenbart, sondern gibt auch erste Eindrücke darüber, was überhaupt Sachunterricht ist. Hier wurden bereits mehrere der oben benannten didaktischen Prinzipien für einen Sachunterricht im Anfangsunterricht aufgegriffen: Kommunikativer Sachunterricht, Aufgreifen der Vorerfahrungen, die thematische Vielfalt und die Handlungsorientierung. In den in Kapitel 8 vorgestellten Praxisbeispielen werden diese Prinzipien systematisch erarbeitet.

7.3 Soziales Lernen und Ich-Stärkung

In dieser Klasse spielt das soziale Lernen eine große Rolle: Im Klassenkreis werden erste Kommunikationserfahrungen ermöglicht und ich lerne Toleranz, wenn ich anderen Meinungen zuhöre. Ich muss lernen, zu kooperieren, wenn ich in der Gruppe arbeite und ich lerne mich mit Hilfe des Ich-Buchs besser kennen, denn so kann ich auch andere Kinder besser verstehen.
Das soziale Lernen ist ein komplexes Gebilde. Im Zusammenhang mit politisch-sozialem Lernen beschreibt Thomas (2011), dass nach einem Höhepunkt stark fachwissenschaftlich geprägter politischer Bildung in den 70er Jahren, „[i]n den 1990er-Jahren [...] eher ganzheitlich zugeschnittene Ansätze [dominierten], die sich in Schulprofilen und Schulprogrammen ausdrückten und bei denen es meist eher um die Regulierung eines gedeihlichen Miteinanders im alltäglichen Schulbetrieb ging, als um politische Themen in größeren gesellschaftlichen Zusammenhängen“ (ebd., S. 664). Auch auf den Seiten des Landesinstituts für Schule der Freien Hansestadt Bremen heißt es zum sozialen Lernen, dass ein gutes Schul- und Klassenklima eine wesentliche Voraussetzung für erfolgreiches Lernen sei und soziales und solidarisches Lernen den Weg für eine konstruktive Teilhabe an der Gesellschaft ebne (vgl. ebd.), sodass hier eine Verbindung zum politischen Lernen verdeutlicht wird. Inhalte sind z.B. die Förderung der Mitbestimmung, die Stärkung der Kommunikation und die Stärkung des Miteinanders (ebd.). Thomas (2011) betont, dass es beim gesellschaftlich-politischen Lernen zunächst um soziales Lernen im Nahraum gehe, das dann um die Dimension des politischen Lernens erweitert werde. Dies diene der Grundlegung politischer Bildung im Sachunterricht, allerdings seien soziales Lernen und politische Bildung jeweils eigenständige Bereiche (vgl. ebd., S. 662f.). Zielvorstellungen des sozialen Lernens seien „Empathie, kommunikative Kompetenz, Rollendistanz und Ambiguitätstoleranz“ genauso wie eine „Konflikt-, Kritik- und Kooperationsfähigkeit“ (ebd., S. 663), während politische Bildung durch „Rückbindung an politische Kategorien“ erfolge (ebd.). Kaiser & Röhner (2009) sehen das emotional-soziale Lernen als eine zentrale Aufgabe des Sachunterrichts, es werde jedoch als „Sache des Sachunterrichts“ in deutschen Curricula wenig beachtet (vgl. ebd., S. 70). Lernziele des emotional-sozialen Lernens seien

Hilfsbereitschaft, Friedfertigkeit, Kooperationsfähigkeit, Selbstbeherrschung, soziale Sensibilität, Selbstbehauptung, Konfliktfähigkeit, Kommunikationsfähigkeit, Toleranz, Verantwortungsbewusstsein und Höflichkeit sowie Solidaritäts- und Mitbestimmungsfähigkeit (vgl. Keller & Hafner 2003, S. 9f; vgl. Kaiser & Röhner 2009, S. 72), was wieder die Nähe zum politischen Lernen verdeutlicht. Kaiser & Röhner (2009) stellen grundlegende Förderprinzipien sowie Praxisbeispiele zum emotional-sozialen Lernen vor. Am Beispiel „Ich und die anderen" soll verdeutlicht werden, dass es wichtig sei, sich selbst kennen zu lernen, um sich dann mit den Gefühlen anderer auseinandersetzen zu können: „Es geht um Ich-Erkenntnis als Basis des Sich-Einfühlens in andere" (ebd., S. 85). Methoden seien z.B. Handpuppen, um Kindern behilflich dabei zu sein, ihre Emotionen auszudrücken oder ein Ich-Buch, das Kinder dabei unterstütze, über die eigene Persönlichkeit zu reflektieren (z.B. „male dich, wie du bist", „male deine Lieblingsfarbe/dein Lieblingstier/dein Lieblingsbuch/deine Lieblingszahl") (vgl. ebd., 85ff.). Während im gleichen Band von Kaiser & Röhner (2009) das emotional-soziale Lernen vom politisch-gesellschaftlichen Lernen getrennt aufgeführt ist, wird es in einer Untersuchung von Kaiser & Lüschen (2014) als politisch-soziales Lernen zusammen betrachtet. In dem Band „Miteinander lernen" geht es darum, „dass politisch-soziale Inhalte von Kindergarten- und Grundschulkindern in altersstufenübergreifenden Paargruppen erarbeitet werden" (ebd., Vorwort).

8. Praxisbeispiele

Um einen an den Kindern orientierten guten Sachunterricht im Anfangsunterricht durchzuführen, werden im folgenden verschiedene Praxisbeispiele dargestellt, die sich an den Interessen und Fragen der Kinder orientieren. Die Themen und Inhalte haben sich im Rahmen von Klassen-, Einzel-, Gruppen- oder Seitgesprächen entwickelt.

Dabei werden die im fünften Kapitel erläuterten didaktischen Prinzipen für einen Sachunterricht im Anfangsunterricht angewandt: Vorerfahrungen der Kinder, kommunikativer Sachunterricht, Motivation, thematische Vielfalt, Handlungsorientierung und Anerkennung von Vielfalt. Dies führt zu einer Strukturierung der einzelnen Praxisbeispiele nach folgendem Schema: Zunächst erfolgt eine **fachliche Klärung** der jeweiligen Inhalte. Anschließend folgen Ausführungen zum **kommunikativen Sachunterricht**, mit dessen Hilfe die **Vorerfahrungen, das Vorwissen, die Kinderfragen und die Interessen** der Kinder erhoben werden. Daraufhin wird die **handlungsorientierte Umsetzung** des Unterrichtsgegenstandes dargestellt, wobei hierbei auch immer wieder kommunikative Elemente einfließen.

8.1 Vulkane

8.1.1 Fachliche Klärung

Die Plattengrenzen sind Schwächezonen der äußeren Erdschale, so dass an ihnen **Erdbeben** und **Vulkane** gehäuft auftreten. **Plattenrand-Vulkane**, also Vulkane, die an den divergierenden (sich voneinander wegbewegenden Platten) oder konvergierenden (sich aufeinander zu bewegenden Platten) Plattengrenzen gebunden sind, machen mehr als 90 % der Vulkane aus. Im Gegensatz dazu werden Vulkane innerhalb der Platten als **Intraplatten-Vulkane** bezeichnet (vgl. Pichler & Pichler 2007, S. 1ff.). Die meisten der aktiven Vulkane sind an den Plattengrenzen verteilt, ca. 80 % an konvergierenden Plattengrenzen und ca. 15 % an divergierenden Plattengrenzen und der Rest sind Intraplattenvulkane (vgl. Grotzinger et al. 2011, S. 316).

Vulkane sind Berge oder Hügel aus **Lava**, die durch ausfließendes **Magma** (durch hohe Temperatur im Erdinneren geschmolzenes Gestein) entstehen, d.h. bei **Vulkanausbrüchen** gelangen Magmen aus dem Erdinneren an die Oberfläche, wo sie schließlich zu Gesteinen erstarren und als Laven bezeichnet werden. Betrachtet man einen idealisierten Querschnitt eines Vulkans, so befindet sich in der Erdkruste eine mit Magma gefüllte **Kammer**, wobei die Magmen in die Lithosphäre aufsteigen und über einen zentral gelegenen **Förderschlot** oder durch **Nebenkrater** an der Oberfläche als Lava herausfließen. Das vulkanische Geosystem ist somit eine Art chemische Fabrik, die Magmen verarbeitet und Laven produziert (vgl. Grotzinger 2011, S. 302ff.). Es existieren – je nach Eigenschaften der geförderten Laven – unterschiedliche **Vulkantypen**, u.a. **Schildvulkane**, **Schichtvulkane** und **Calderen**. Schildvulkane breiten sich großflächig aus, da die Lavaergüsse eher dünnflüssig sind. Somit können Schildvulkane einen Durchmesser von mehreren Kilometern erlangen, beispielsweise der **Mauna Loa auf Hawaii**: Sein Durchmesser beträgt 120 Kilometer. Der **Vesuv am Golf von Neapel** oder der Ätna auf Sizilien sind Beispiele für einen Schichtvulkan. Sie bestehen aus wechselseitigen Lagen von **pyroklastischem Material** (vulkanisches Lockermaterial) und Lavaergüssen. Der **Mount St. Helens** im US-Bundesstaat Washington hatte ebenfalls bis zu seinem Ausbruch im Jahre 1980, bei dem der nördliche Teil des Berges durch die heftige Explosion kollabierte, die Form eines Schichtvulkans. Calderen entstehen durch eine heftige Eruption bei der die Magmakammer vollständig geleert wird. Dadurch ist die Kammer nicht mehr in der Lage, das Dach zu tragen, so dass das Vulkangebäude zusammenbricht und eine große Einsenkung entsteht, die größer ist als die Kammer selbst. Sie können Durchmesser von wenigen Kilometern bis zu 50 Kilometer oder mehr erreichen. Ein Beispiel ist der Crater Lake im US-Bundesstaat Oregon (vgl. Grotzinger 2011, S. 308ff.).

Der **Eruptionsmechanismus**, also die Art der Vulkanausbrüche, hängt davon ab, wie leicht oder schwer vulkanische Gase in die Atmosphäre entweichen können. Fast alle Vulkan-Katastrophen der Vergangenheit gingen von Vulkanen aus, deren Gase nur sehr schwer entweichen konnten, da sich in ihrem Inneren sehr hohe Drucke aufbauen, weil der Schlot durch einen **Lava-Pfropfen** verschlossen ist. Ein Beispiel hierfür ist der Ausbruch des **Vesuvs 79 n. Chr.** (vgl. Pichler & Pichler 2007, S. 4f.). Pyroklastische Förderprodukte verstärken die Zerstörungskraft solcher katastrophalen Vulkanausbrüche. Dabei handelt es sich um **(Magma-)Bomben** oder Blöcke, **Schlacken**, **Lapilli** (kleine Lavabröckchen), **Bimssteine** und **Aschen**. Eine **pyroklastische Strömung** kann bis zu 800 °C heiß und bis zu 400 km/h schnell sein und hat eine dementsprechende Zerstörungskraft. Von den 500-600 aktiven Vulkanen, die auf der Erde existieren, forderte jeder sechste Todesopfer, wobei in den vergangenen 500 Jahren mehr als 250.000

Menschen bei Vulkanausbrüchen ums Leben kamen. Die Todesursachen umfassten z.B. direkte Ursachen wie pyroklastische Ströme oder indirekte Ursachen wie Hungersnöte, aber auch **Tsunamis**, **Schlammströme**, **Aschefälle**, **Schuttlawinen** etc. (vgl. Grotzinger et al. 2011, S. 322f.; vgl. Rohen & Wulfmeyer 2021, S. 55f.).

8.1.2 Kommunikative Elemente

Am zweiten Tag nach der Einschulung ist das Interesse an Vulkanen bereits sehr groß. Um herauszufinden, was die Schüler:innen bereits über Vulkane wissen, wird wieder das Forschungsheft (das Blankoheft) genutzt, damit die Kinder ihre Vorstellungen dazu in das Heft zeichnen können (und natürlich auch bei Bedarf etwas dazu aufschreiben können) (Abb. 8 (A-F)):

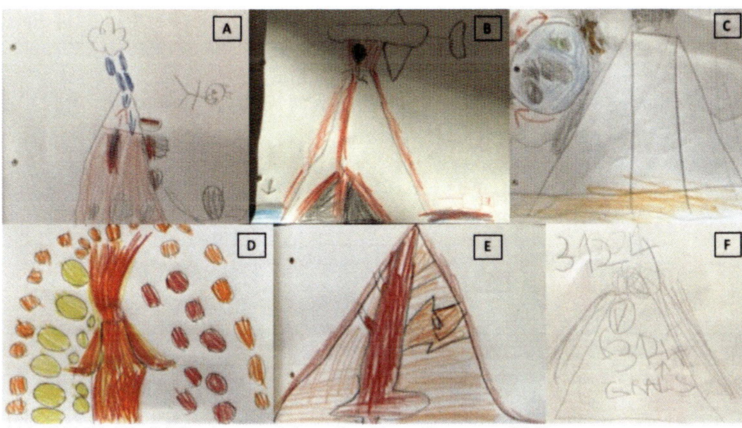

Abb. 8 (A-F): Die Schüler:innen zeichnen ihre Vorstellungen zu Vulkanen

Die Zeichnungen zeigen, dass viele Kinder bereits über ein differenziertes Bild von Vulkanen verfügen. Viele Vulkane werden als dreieckiges, bergiges Gebilde, oft in roten Tönen gezeichnet und z.T. mit (Neben-)Kratern, Schloten, Steinen, Magmakammer und Lava. Die Kinderzeichnungen werden im Klassenkreis vorgestellt. Jedes Kind, das möchte, beschreibt, was es gezeichnet hat. Es ist wieder eine Übung zur Präsentation: Das Bild wird hochgehalten und beschrieben. Manche Kinder sprechen zu leise und werden darauf aufmerksam gemacht. Andererseits muss auch die restliche Klasse leise sein, um alles zu verstehen. Es folgt eine Auswahl zu den Äußerungen der Kinder zu Abbildung 8 (A-F):

Äußerungen zu Bild A: *„Der Vulkanstein pumpt die Lava und wenn es zu doll gepumpt wird, dann explodiert der Vulkan und vom Druck kann man erfasst werden und die Steine rollen vom Vulkan runter. Wenn aber Wasser in den Vulkan kommt, dann verhärtet er.“*
Äußerungen zu Bild B: *„Wenn ein Stein in den Lavafluss fällt, dann erzeugt das ein Erdbeben und dann bricht der Vulkan aus und trifft einen Menschen. Und ein Flugzeug, das von der Lava getroffen wurde. Und wenn die Lava ins Wasser fließt, dann wird es zu Gestein.“*

Äußerungen zu Bild C: *„Ich hab' hier gezeichnet, wie die Erde sich dreht und wie die Vulkane da ausbrechen. Unten ist Magma und da ist Lava. Lava ist oben und Magma ist in der Erde."*
Äußerungen zu Bild D: *„Hier ist der Grund, hier kommt die Lava hin, hier fliegt die Lava raus."*
Äußerungen zu Bild E: *„Ich habe so gezeichnet, dass der Vulkan immer voller wird, voller Lava und dass er irgendwann nicht mehr Platz hat und er denn explodiert und wenn er oben noch ein bisschen Platz hat, dann raucht er schon mal, weil das bedeutet, dass er bald explodieren wird. Und die Lava kommt von der Erde."*
Äußerungen zu Bild F: *„Ich habe mir ausgedacht, wenn ein Vulkan 3.124 Grad heiß ist, dann explodiert er. Und hier gibt es eine Art Steinplatte. Wenn der Vulkan wieder aufwacht, dann wird diese Steinplatte Risse kriegen und dann fließt der Lava und dann explodiert es."*

Im Anschluss gehen die Kinder in den Kinositz. Es wird gemeinsam erarbeitet, wie denn ein „echter" Vulkan aufgebaut ist, dafür wird die Tafel genutzt. Hier geht es jetzt darum, die Vorstellungen der Kinder im Sinne des *Conceptual Change* mit den fachlichen Grundlagen zum Aufbau von Vulkanen weiterzuführen: Die meisten Schüler:innen kennen z.B. den Begriff der Lava, einige auch den Begriff Magma. Die Schüler:innen geben vor, was gezeichnet werden soll, Begriffe werden benannt und es wird diskutiert. Für den Begriff „Nebenkrater" werden viele Synonyme genannt: *„Seitkrater, Seitschlot, Tunnelkrater, Untenkrater, Lavaflussseiten ..."*. Am Ende klärt ein Kind den fachlich korrekten Begriff auf (Abb. 9).

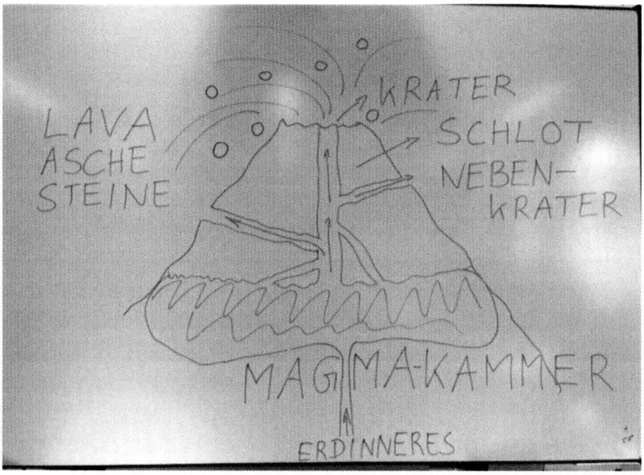

Abb. 9: Gemeinsame Erarbeitung der fachlichen Grundlagen zum Aufbau von Vulkanen

8.1.3 Handlungsorientierte Umsetzung

Um einen Eindruck zu erhalten, wie ein Vulkan aufgebaut ist, erfolgte in Gruppenarbeit der Bau eines Vulkans aus Ton (Abb. 10). Dazu brauchten die Kinder gruppenweise eine Schüssel, ein Drittel oder eine Hälfte eines Tonblocks und evtl. Modellierwerkzeug für Tonarbeiten.

Abb. 10: Die Kinder modellieren Vulkane

Die von den Kindern gebauten Vulkane hatten sehr unterschiedliche Formen (Abb. 11).

Abb. 11: Jede Gruppe hat einen Vulkan geformt

Die „Vulkane" wurden anschließend gruppenweise zum „Ausbruch" gebracht. Dazu wird pro Vulkan benötigt:

- ein paar Tropfen rote Lebensmittelfarbe oder ein Löffel rotes Pigment aus dem Kunstbedarf
- ca. 50 ml Essig
- ca. 2 Teelöffel Backpulver
- kleine Plastiktüten, die in die Öffnung des Vulkans gestopft werden, damit die Flüssigkeit nicht herausläuft

Der Essig wird zusammen mit der Farbe vermischt und in den Vulkanschlot gegeben. Das Backpulver wird abschließend ebenfalls in den Schlot gegeben. Durch die Reaktion zwischen Essig und Backpulver schäumt das Gemisch aus dem Vulkan heraus und es entsteht ein „Ausbruch". Wichtig ist hierbei, mit den Schüler:innen zu klären, dass der Ausbruch eines realen Vulkans nicht dadurch verursacht wird, dass etwas oben in den Krater geschüttet wird, sondern dass die Eruption aus dem Inneren des Vulkans kommt. Ich frage daher nach (I = Impulsgeberin; S = Schüler:in):

I: Ihr habt ja jetzt eure Vulkane „ausbrechen" lassen. Ich würde gerne wissen, was denn der Unterschied zu echten Vulkanen ist?
S: Dass die nicht gebaut werden.
S: Man schüttet auch nichts in einen Vulkan rein.
S: Man tut in einen echten Vulkan keine Plastiktüten rein.
S: Ein Vulkan macht auch Geräusche.
S: Bei einem Vulkan fließt das viel schneller, da ist eine richtige Strömung, die nach oben schießt.
S: Die Lava kommt aus der Erde.
S: Lava ist auch warm und nicht kalt.

Dennoch ist es für die Kinder interessant zu sehen, wie etwas an der Seite des Vulkans herabläuft oder rollt, was wiederum eine inspirierende Analogie für die Vorgänge rund um einen echten Vulkanausbruch ist (Abb. 12):

Abb. 12: „Ausbruch" eines Vulkans

In der nächsten Stunde geht es darum, darüber zu sprechen, welche Arten von Vulkanen es gibt (I = Impulsgeberin; S = Schüler:in):

I: Eure Vulkane sehen ja alle unterschiedlich aus. Wie ist das denn bei echten Vulkanen? Sehen die alle gleich aus oder sind sie auch unterschiedlich?
S: Es gibt unterschiedliche Vulkane.
S: Es gibt kleine und große und die Kleinen, die haben nicht so viel Platz und deswegen brechen die auch schneller aus als die großen Vulkane.
S: Es gibt ja glatte Vulkane und Vulkane, wo ganz viele Steine gestreut sind.

S: Manchmal explodieren Vulkane und manchmal fließt die Lava so raus, manchmal wirft der so Steine und manchmal gibt es Rauch.

Der Unterschied zwischen Schild- und Schichtvulkanen wird mit Hilfe von Abbildungen und einem Vorführversuch im Klassenkreis diskutiert. Auf einem Bild sieht der Vulkan höher und spitzer aus, auf dem anderen flacher und breiter. Wie kommen die unterschiedlichen Vulkanformen zustande? Ich nutze einen Vorführversuch, um die Unterschiede zu verdeutlichen. Es werden auf jeweils einem Teller in die Mitte etwa 20 ml Flüssighonig und etwa 20 ml Shampoo gegossen und beobachtet. Was passiert? Fließt der Honig schneller oder das Shampoo oder fließt beides gleich schnell? Und was hat das mit verschiedenen Arten von Vulkanen zu tun? Die Schüler:innen sehen, dass der Honig viel langsamer fließt als das Shampoo. Es folgen erste Vermutungen.

S: Der Schildvulkan ist, wenn man von oben guckt, ganz platt. Beim anderen Vulkan, man kann sagen, dass ist eine große Schicht.
S: Der Schildvulkan sieht aus wie ein Schild.

Ein anderes Kind vermutet daher, dass das Shampoo eher der Lava des Schildvulkans entspricht, weil es schneller fließt und auf dem Teller platt aussieht.

S: Die Schichtvulkane bestehen aus mehreren Schichten.

Es wird vermutet, dass daher der Honig die Lava des Schichtvulkans sein könnte, weil es hier langsamer fließt.
In der weiteren Unterhaltung ist zu hören, dass es nicht einfach ist, die Unterschiede über das Honig-/Shampoo-Modell zu verdeutlichen, denn einige Kinder sehen es auch genau anders herum. Daher wird wieder zu den Abbildungen gegangen, um das Ergebnis zu festigen und darüber zu sprechen, dass es Unterschiede im Aussehen der Vulkane gibt und dass das etwas mit der unterschiedlich schnellen Lava zu tun hat.

8.2 Kindheit in Pompeji

8.2.1 Fachliche Klärung

Pompeji wurde vor allem durch den verehrenden **Ausbruch des Vesuvs im Jahr 79 n. Chr.** bekannt. Lange Zeit galt als wahrscheinlicher Termin der 24./25. August, neuere Forschungsergebnisse gehen jedoch davon aus, dass der Ausbruch später stattfand, nämlich am **24./25. Oktober** (Doronzo et al., 2022). Doronzo et al. (2022) nutzten einen multidisziplinären Ansatz, der historische, stratigraphische, sedimentologische, petrologische, geophysikalische, paläoklimatische und modellierende Studien zu diesem berühmten und verheerenden Naturereignis umfasste. Zu den historischen Gegenständen gehört beispielsweise eine Inschrift, die mit Holzkohle auf die Wand eines Hauses in Pompeji geschrieben wurde und ungefähr übersetzt bedeutet: „Am sechzehnten Tag vor den Kalenden des Novembers hat er sich übermäßig ernährt". Der sechzehnte Tag vor den Kalenden des Novembers entspricht nach der römischen Tageseinteilung der 17. Oktober (vgl. ebd., S. 4). Insofern kann der Ausbruch erst nach dem 17. Oktober stattgefunden haben. Weiterhin geben auch Funde von typischen **Herbstfrüchten** Hinweise, dass es bereits Spätherbst gewesen sein muss, unterstützt durch die Tatsache, dass viele Opfer **schwere Tuniken** trugen, die nicht zum August passten (vgl. ebd. 5).

Seit 1748 wird die verschüttete Stadt ausgegraben. Die Ausgrabungen dauern bis heute an und geben Rückschlüsse darauf, wie das **Leben in der römischen Stadt** ausgesehen hat (vgl. Dickmann 2024). Dickmann (2024), der von 1997-2003 Leiter des in Pompeji durchgeführten Ausgrabungs-, Dokumentations- und Konservierungsprojekts war, beschreibt die Bauwerke und Architektur. So geben die Gebäude Hinweise darauf, dass z.B. die **Körperpflege in Badehäusern** stattgefunden hat, die nach Geschlechtern getrennt waren und auch spezielle Räume für Schwitzbäder und Pflege beinhalteten. Der Eindruck von Luxus und Leichtigkeit wurde in den städtischen Bädern durch Marmorfußböden, Stuckreliefs, Fresken und mythologischen Figuren vermittelt. **Sportliche Betätigungen** waren ebenfalls ein fester Bestandteil in der damaligen römischen Gesellschaft, auch dies zeigen Gebäude, die als Ausbildungsstätten mit Umkleide- und Baderäumen dienten. In Pompeji gehörten auch **Theatervergnügungen** zum Bestandteil der gesellschaftlichen Vergnügungen, es gab ein Theaterviertel mit mehreren Hauptgebäuden, in denen Dramen, Komödien und musikalische Aufführungen stattfanden (vgl. ebd., S. 66ff.).

In Pompeji gab es eine beachtliche Zahl von **Bäckereien** mit Getreidemühlen und ohne, die Herstellung von Brot hatte industriellen Charakter, der größere Teil der Bevölkerung kaufte hier vermutlich das Brot ein und stellte es nicht selbst her (vgl. ebd., S. 100ff.). Ansonsten wurden Versorgungs- und Gebrauchsgüter oftmals von außen eingebracht. Dazu gehörten nicht nur **Lebensmittel, sondern auch Baumaterialien wie Ton**, das für die Herstellung von Dachziegeln und Amphoren gebraucht wurde. Daneben gab es regelmäßige **Märkte** im Abstand von sieben oder acht Tagen. Allerdings betont Dickmann (2024), dass jüngste Forschungen vorsichtiger differenzieren und „[D]ie Frage nach der Konsumentenstadt […] heute nicht mehr eindeutig mit „ja“ oder „nein“ zu beantworten [ist]“ (ebd., S. 101), auch dadurch, dass es städtisches Handwerk gab wie z.B. Textilverarbeitung, Gerbereien oder Metallverarbeitung (vgl. ebd., S. 104ff.). Aufgrund der in **Gips festgehaltenen Körper der Opfer** des Vulkanausbruchs geht bis heute eine große Faszination von Pompeji aus (vgl. ebd., S. 9).

8.2.2 Kommunikative Elemente

Im Rahmen des Inhalts Vulkans wurde auch auf den großen Ausbruch des Vesuvs in Pompeji eingegangen, dies wird wieder aufgegriffen (I = Impulsgeberin; S: Schüler:in):

I: Als wir über Vulkane sprachen, hat ein Kind auch über den Vesuv gesprochen. Kannst du dich noch erinnern? Weißt du was über den Vesuv? Weißt du, in welchem Land der steht?
S: In Pompeji.

I: In welchem Land ist das?
S: In Italien.
I: Wir wollen mal ein bisschen über Pompeji sprechen. Weißt du denn was über Pompeji?
S: Ja, dass der Vesuv in Pompeji ausgebrochen ist. Das ist einer der aktivsten Vulkane.
S: Ich kann die ganze Geschichte erzählen. Meine Mama hat mal gesagt, dass sie auch mal in Pompeji war und dann als sie da war, ist der Vulkan ausgebrochen und seitdem ist dieser Vulkan der stärkste Vulkan von allen. Und darum ist Pompeji auch so berühmt, weil da kann man jetzt auch verschiedene Kristalle und kaputte Schätze finden oder so.

Es wird ein Bimsstein gezeigt, eine Form von Vulkanstein. Die Kinder finden den Begriff lustig, ein Kind setzt an und möchte erzählen, wie seine Oma den Bimsstein benutzt. Wir können ihn gerade noch stoppen, weitere persönliche Schilderungen über seine Großmutter auszuplaudern. Es wird erläutert, dass das ein Vulkanstein ist und dass es sehr viele Bimssteine beim Ausbruch des Vesuvs gab. Es wird gefragt, ob jemand wisse, wann der große Ausbruch in Pompeji stattgefunden hat? Die Schüler:innen rufen Antworten rein: 1000, Jahre, 4 Millionen Jahre, 100 Jahre, 4 Milliarden Jahre … Ein Kind möchte, dass die Zahl an die Tafel geschrieben wird: 79 n. Chr. Auch wenn Kinder in dem Alter noch keine Vorstellungen zu dieser Jahreszahl haben, wird erläutert, was es mit der Zahl auf sich hat.
Es folgt ein Vorführversuch, um ein Phänomen zu verdeutlichen: Ein Kolben mit einer kleinen Figur am Boden, die einen Menschen darstellen soll, wird mit Zierkies vollgeschüttet. Damit soll veranschaulicht werden, wieviel Meter hoch die Menschen in Pompeji von Bimsstein verschüttet wurden (Abb. 13). Um den Versuch zu transferieren, wird darüber gesprochen, dass die Menschen viele Meter von Asche und Bimsstein verschüttet wurden und nutzen Vergleiche wie z.B. die Höhe der Klassenzimmerdecke oder die Höhe des Schulgebäudes.

Abb. 13: Höhe der Bimssteinschicht in Pompeji anhand eines Modells

In den nächsten Stunden wird eine Geschichte vorgelesen. Es ist aus der Kinderbuch-Reihe „Das magische Baumhaus“ zu Pompeji (Osborne 2002). Der Titel lautet „Im Schatten des Vulkans“. Die Protagonist:innen Anne und Philipp reisen mit Hilfe des magischen Baumhauses, einer Art Zeitmaschine, in die Zeit des Ausbruchs des Vesuvs. Es wird geschildert, wie die Menschen damals, 79 n. Chr., gelebt haben und auch wie der Vulkan ausbricht, sodass Anne und Philipp schnell fliehen müssen. Die Schüler:innen zeichnen während des Vorlesens in ihr Forschungsheft: Sie zeichnen über das Leben in Pompeji, über Märkte, über Öfen, über Kleidung, über Häuser, über Vulkane usw. (Abb. 14)

Abb. 14: Die Kinder zeichnen ihre Eindrücke über das Leben in Pompeji zur Zeit des Vulkanausbruchs

Einige Kinder kommentieren ihre Bilder:
„Ich habe hier so gemalt, die Bäcker und hier so Stände und die Vögel merken, dass ein Vulkan ausbricht und deswegen fliegen die Vögel ja auch weg“.
„Ich habe gezeichnet, dass die Jungen und die Mädchen die gleiche Kleidung haben.“
Einige Kinder sagen daraufhin, die Kleidung hieße Tuniken.
„Ich habe auch gemalt, wie ein Bäcker Brot machte.“

Es wird anschließend danach gefragt, ob sie sich vorstellen könnten, wie Kinder in Pompeji damals gespielt haben. Ein Junge sagt, sie hätten eine Art Verstecken gespielt und beschreibt es. Es stellt sich heraus, dass er das Spiel ‚Blinde Kuh‘ meint. Ein Kind ergänzt, es würde auf französisch *Cache-Cache* heißen. Ein anderes Kind erklärt es auf portugiesisch und sagt, auf deutsch würde es ‚Blinde Ziege‘ heißen.
Es geht weiter:
„Ich dachte, dass die mit Stöckern spielten. So wie kleine Boote bauen mit Gras und Stöckern.“
„Vielleicht haben die auch Topfschlagen gespielt.“
„Vielleicht haben die mit den Stöckern Ritter gespielt.“
Hier entbrennt eine Diskussion darüber, dass es Römer gab und keine Ritter und wer zuerst da war.
Es wird erklärt, dass die Kinder im Römischen Reich offensichtlich gern Spiele mit Nüssen gespielt haben, denn es gäbe ein bekanntes Relief (es wird aber Bild gesagt), das römische Kinder zeigt, die mit Nüssen spielen. Zur Beschreibung heißt es vom Kunsthistorischen Museum Wien (o. J.):

„Sein Relief zeigt Kinder, die in zwei Gruppen mit Nüssen spielen: Bei dem Spiel der beiden in der linken Ecke sitzenden Kinder geht es darum, die Anzahl der in der Hand befindlichen Nüsse zu erraten. Das andere Spiel verlangt Geschicklichkeit: Der Knabe in der Mitte wirft gerade eine Nuss auf ein Ziel.“

8.2.3. Handlungsorientierte Umsetzung

Im Folgenden werden Umsetzungsbeispiele dafür erarbeitet, wie römische Kinder gespielt haben könnten.

8.2.3.1 Deltaspiel

Beim Deltaspiel beispielsweise wird ein Dreieck mit Kreide (früher mit dem Stock in die Erde) auf dem Boden gezeichnet, wobei die Längen der Seiten jeweils einen Meter betragen sollte. Das Dreieck wird in zehn Streifen unterteilt, die jeweils mit den römischen Zahlen von 1-10 beschriftet werden (also I, II, III, IV, V, VI, VII, VIII, IX und X). Es entbrennt eine rege Diskussion in den Gruppen darüber, wie man den Zollstock ansetzt, um das Dreieck und die zehn Felder zu zeichnen. Wie muss ich den Zollstock halten? Wie groß ist denn überhaupt ein Meter? Wie kann ich die Felder gleichmäßig aufteilen?
Jede(r) bekommt nun fünf Haselnüsse und das Ziel ist es, mit den Nüssen auf eine möglichst hohe Zahl zu landen. Gewinner:innen sind die Kinder, die die höchste Punktzahl erreicht haben (Abb. 15).

Abb. 15: Die Kinder zeichnen zunächst mit Hilfe eines Zollstocks das Dreieck und die Felder auf den Boden (links). Die Nüsse werden möglichst auf Felder mit einer hohen Punktzahl geworfen (rechts)

8.2.3.2 Nußpyramiden

Ein weiteres Spiel, das bereits bei römischen Kindern bekannt war und sich auch auf dem Relief (s.o.) wiedererkennen lässt, ist ein Spiel mit Nusspyramiden. Jeder Zweiertisch bekommt vier Walnüsse und bildet daraus eine Pyramide (Abb. 16 A) Mit Hilfe von Haselnüssen soll nun versucht werden, die Pyramide abzuwerfen (Abb. 16 B). Es empfiehlt sich, ein Teppichstück oder ähnliches darunter zu legen, da die Nüsse sonst verrutschen. Die Kinder versuchen zu treffen und merken, dass es gar nicht so einfach ist. In welchem Winkel muss ich die Nuss werfen? Wie weit kann ich mich entfernen? Wieviel Walnüsse schaffe ich auf einmal?

Abb. 16 (A, B): Nussspiel mit Wallnusspyramiden, die mit Haselnüssen abgeworfen werden

Quellen zu Kinderspielen im Römischen Reich:
https://www.kinderzeitmaschine.de/antike/rom/lucys-wissensbox/alltag/womit-spielten-roemische-kinder/
https://www.archaeologisches-museum-frankfurt.de/de/roemische-spiele

8.2.3.3 Schreibwerkzeuge

Da die Schüler:innen sich für die Lebenswelt der römischen Kinder interessieren, war auch eine Frage, ob und wie die Kinder zur Schule gegangen sind bzw. wie sie überhaupt geschrieben haben. Gab es z.B. schon Papier und gab es auch schon Stifte? Um das erfahrbar zu machen, haben die Kinder zunächst mit Wachstafeln geschrieben. Der Römershop (https://www.der-roemer-shop.de) bietet dazu Unterrichtsmaterialien an, die günstiger sind, wenn sie selbst zusammengebaut werden. Eine Wachstafel besteht aus einem Holzbrettchen mit vier Leisten und einer Wachsplatte sowie einem Griffel als Schreibgerät. Der Zusammenbau erfolgte mit Holzleim und Wäscheklammern, damit die Leisten halten (Abb. 17):

Abb. 17: Die Wachstafeln müssen erst zusammengebaut werden (von links nach rechts): Erst die Leisten anleimen; mit Wäscheklammern fixieren; Wachsblatt andrücken; nach dem Trocknen Wäscheklammern entfernen

Nach dem Trocknen der Wachstafeln versuchen die Kinder, mit Hilfe des Griffels zu schreiben. Der Griffel ist gleichzeitig eine Art Radiergummi, wenn ich das Geschriebene wieder platt walze. Das Schreiben auf der Wachstafel ist nicht leicht, das Radieren erst recht nicht. Schnell kommen Löcher in die Wachsplatten, wenn ich zu hart aufdrücke. Wenn ich zu wenig aufdrücke, kann ich nichts lesen. Mit der Zeit kriegen die Kinder die richtige Dosierung heraus, aber es erfordert Fingerspitzengefühl (Abb. 18).

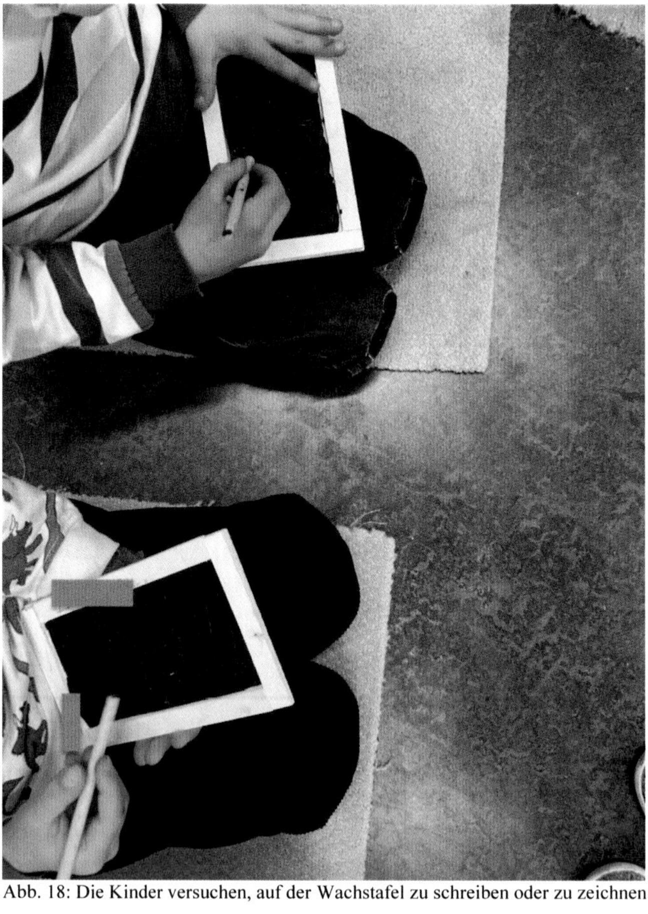

Abb. 18: Die Kinder versuchen, auf der Wachstafel zu schreiben oder zu zeichnen

Eine andere Möglichkeit, wie römische Kinder geschrieben haben, war mit Hilfe von Schilfrohren und Tinte. Allerdings war Papyrus wertvolles Material und wurde eher in der oberen Schicht benutzt. Trotzdem haben die Kinder diese Schreibmöglichkeit kennengelernt. Die Materialien kann man ebenfalls beim Römer-Shop bestellen. Wie auch zuvor mit den Wachstafeln, ist es gar nicht so einfach, damit zu schreiben. Mal ist es zu viel Tinte, mal zu wenig, aber insgesamt bringt ein bisschen Übung das erwünschte Ergebnis (Abb. 19).

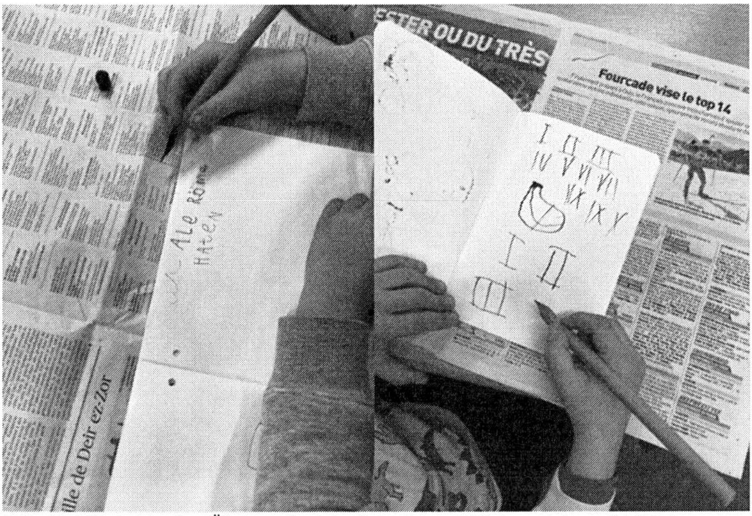

Abb. 19: Mit ein bisschen Übung gelingt das Schreiben mit Tinte und einem Schilfrohr

8.3. Feuer

8.3.1 Fachliche Klärung

Feuer bedeutet zunächst einmal die **sichtbare Erscheinung einer Verbrennung,** dabei wird Wärme und Licht abgegeben. Daneben gibt es auch eine unvollständige Verbrennung z.B. in Form eines Schwelbrandes. Damit ein Feuer entfacht werden kann, wird ein **Brennstoff** und **Sauerstoff** (oder ein anderes Gas) sowie eine **Zündenergie** in Form von Wärme, mechanische Funken oder Elektrizität benötigt. Die **Zündtemperatur** ist abhängig vom Material, z.B. hat Zeitungspapier eine Zündtemperatur von 180 °C, Fichtenholz dagegen 280°C (vgl. Klecha 2009, S. 17ff.).
Diese Beziehung wird auch in Form des sogenannten **Verbrennungsdreiecks** dargestellt, wobei auch das richtige Mengenverhältnis dieser drei Bedingungen für das Entfachen und Aufrechterhalten eines Feuers notwendig ist. Mangelt es an einer der Komponenten, erlischt das Feuer (vgl. ebd.). Wie in Kapitel 8.4.1.2. dargestellt wird, haben Menschen das Feuer vermutlich schon vor 1,6 Millionen Jahren gehütet und vor 40.000-30.000 Jahren selber hergestellt (vgl. Hoffmann 2012, S. 147ff.).

Feuer ist das Ergebnis einer schnellen **Oxidationsreaktion** (Übertragung von Elektronen auf den anderen Reaktionspartner) mit Flammenerscheinung. Es handelt sich um eine **exotherme Reaktion**, das heißt, es wird Energie in Form von Wärme abgegeben und zwar unabhängig von der Zusammensetzung des Brennstoffs. Durch die schwache Doppelbindung im Sauerstoffmolekül O_2 und der Bildung von stärkeren Bindungen bei H_2O und CO_2 kommt es zur Freisetzung von Energie in Form von Wärme (vgl. Schmidt-Rohr 2015, S. 2094).

8.3.2 Kommunikative Elemente

Es sind Weihnachtsferien, ein erster größerer Abschnitt ist geschafft. Die erste Unterrichtsstunde nach den Weihnachtsferien: Ich frage nach dem Inhalt Feuer, weil die Kinder während der Beschäftigung mit den Vulkanen oftmals über Feuer redeten oder Feuer zeichneten:

Vor den Weihnachtsferien haben wir uns ja ziemlich lange mit Vulkanen beschäftigt. Ich kann mich erinnern, dass auch einige Kinder etwas gesagt haben, dass ein Vulkan Feuer spuckt oder das ein Vulkan Feuer auslösen kann, also dass er auch Brände auslösen kann. Daher wollte ich mit euch über Feuer sprechen. Mich würde interessieren, was ihr überhaupt über Feuer wisst, was ist das eigentlich genau?

Die Kinder antworten im Gesprächskreis:
S: Feuer ist was ganz Heißes. Der Rauch davon ist ganz giftig.
S: Ein Feuer ist eine Flamme.
S: Im Feuer, da müssen sich Dinge ganz schnell bewegen.
S: Ein Feuer kann sehr klein sein, aber auch sehr schnell groß werden. Da kann ein Haus brennen.
S: Feuer besteht aus zwei Sachen: Aus Kohlendioxid und Luft. Wenn sich diese Sachen vermischen, entsteht heißes Magma und wenn das Magma aus dem Vulkan bricht, wird es zu Feuer.
S: Feuer ist sehr gefährlich. Man kann auch mit Feuer z.B. Pommes machen und wenn man nicht aufpasst, wird es zu Hause brennen.
S: Wenn man eine Kerze hat zu Hause und man im Raum Fußball spielt und dann kommt man gegen die Kerze, dann brennt es. Und was am giftigsten ist, ist der Rauch.
S: Feuer ist eigentlich nicht so ungefährlich. Eigentlich ist der Rauch das allergefährlichste. Von dem Feuer. Da kann man sich eine Rauchvergiftung anlegen oder wenn man nicht schnell gerettet wird, kann man auch sterben von dem giftigen Rauch.
S: Es gibt vorher auch ein bisschen blau. Und das Blau, das brennt. Aber das andere, was nicht blau ist, da kann man den Finger durchmachen und das tut gar nicht weh.
Ein Kind widerspricht: *Doch, das muss man ja schnell machen, sonst verbrennt die Haut.*
S: Ich habe schon mal einen Roman gelesen. Das war über den großen Brand von Rom. Da haben Menschen auch Sachen mit Feuer gemacht und ich glaube Nero und Tacitus zusammen Feuer in Rom gemacht. Wegen der

anderen Gotte und dann wollten die Römer sie töten und dann haben sie ein großes Brand in Rom gelegt.
S: Ich habe ein Buch über Feuer mitgebracht (Siggi und die Feuerwehr).
S: Ich kenne jemand, der sich schon die Hand verbrannt hat.
S: Das Feuer kann richtig breit gehen, bis Afrika.
S: Und wenn man Eisen zusammenmacht, dann kommt auch Feuer. Dann kommen Funken zuerst.
S: Aber was noch gefährlicher ist, ist wenn ein Topf ganz heiß ist und die Hand da drin ist, dann ist die ganz doll verbrannt.
S: Mein Bruder hat ein Buch über Feuer und da wird gezeigt, wie man Feuer machen kann, z.B. wie man einen Stein oder einen Stock ganz doll aneinander reibt, dann entstehen kleine Funken.
S: Manche Leute nutzen manchmal auch Reibsteine, um Feuer zu machen.
S: Also, wenn man z.B. in Weltall oder so was geht, die Sonne ist ja auch aus Feuer und man darf nicht zu ah sein, sonst ist das nämlich zu heiß und dann kann man tot sein.
Anderes Kind antwortet: *Die Sonne ist ein Stern. Man kann da nicht hin, weil die ist zu weit weg von der Erde. Manchmal ist die Sonne nah, dann ist es heiß, manchmal ist die Sonne weit weg, dann ist es kalt.*
S: Das bedeutet Waldbrände.
S: Wir hatten mal gekocht und wenn man einen Feuermelder oben drüber hat, dann muss man den manchmal ausschalten, wenn man da ist und kocht. Bei uns ist das schon passiert, da kam der Rauch in den Feuermelder angegangen, als wir heiß gekocht haben und danach hat der gepiept.
S: Wenn man ein Glas in die Sonne hält, dann spiegelt es sich ab und kommt die Hitze an einem anderen Punkt und dann entsteht Feuer.

Die Antworten sind vielfältig und zeigen, dass die Schüler:innen schon sehr viele Vorstellungen über Feuer haben. Sie wissen auch, dass Feuer sehr gefährlich ist. Daher erfolgen zunächst Regeln im Umgang mit Feuer, die in Interaktion mit den Schüler:innen erarbeitet werden:

Führe Experimente mit Feuer nur im Beisein eines Erwachsenen aus!
Stelle immer ein Schälchen mit Wasser zum Löschen der Flammen bereit!
Wenn du lange Haare hast, binde sie nach hinten zusammen!
Krempel deine Ärmel hoch!
Experimentiere nur auf einer feuerfesten Unterlage!
Halte einen sicheren Abstand zur Flamme!
Wasche dir nach dem Experimentieren die Hände!

Anschließend wird über die Funktion einer Streichholzschachtel gesprochen. Dazu wird eine Streichholzschachtel in die Mitte des Klassenkreises gelegt und wir sprechen darüber, wie das Anzünden eines Streichholzes mit einer Schachtel funktioniert. Einige Kinder wissen schon, dass die raue Oberfläche an der Seite der Schachtel etwas damit zu tun hat und wenn das Streichholz schnell daran gerieben wird, sich der kleine bunte Kopf am Streichholz entzündet und eine kleine Flamme entsteht.

8.3.3 Handlungsorientierte Umsetzung

Jedes Kind darf ausprobieren, wie sich ein Streichholz entzünden kann. Die Gruppentische werden vorbereitet. Zu zweit gibt es eine feuerfeste Unterlage (eine kleine Schieferplatte), lange Ärmel werden hochgekrempelt und lange Haare werden zusammengebunden. Jeder Tisch bekommt ein Schälchen mit Wasser, ein großer Eimer Wasser steht auch bereit, der Feuerlöscher befindet sich direkt nebenan. Alles ist also vorbereitet und die Stimmung ist noch gemischt. Einige Kinder sind sehr aufgeregt, andere freuen sich über dieses Abenteuer, einige sind ängstlich. Alles ist freiwillig. Wer nicht möchte, muss das auch nicht machen. Am Ende werden aber auch die vorsichtigen Kinder die Aufgabe mit ein bisschen Hilfe geschafft haben.

Im Gegensatz zur sonstigen sehr offenen Herangehensweise im Unterricht wird alles gemeinsam gemacht, jeder Schritt. Die Streichholzschachteln werden an jedes Kind verteilt. Aber es ist keine volle Streichholzschachtel, sondern in jeder befinden sich drei Hölzer, auf die gut aufpasst werden muss. Es wird bis drei gezählt, dann wird ein Hölzchen aus der Schachtel geholt und ganz schnell an der rauen Oberfläche der Schachtel gerieben. Wenn das Hölzchen brennt, wird es sofort in das Schälchen mit Wasser geworfen. Das klappt schon bei vielen ganz gut und wird mit dem zweiten und dritten Hölzchen besser. Manche Kinder brauchen mehr Hilfestellung als andere, aber es klappt sehr gut und sehr diszipliniert, denn die Kinder wissen um die Gefahren von Feuer und verhalten sich auch dementsprechend.

Wie ein Streichholz anzünden funktioniert, haben die Kinder gelernt und welche Regeln zum Umgang mit Feuer eingehalten werden müssen auch. Jetzt soll es um den Aufbau der Kerze (Teelicht) gehen und darum, ob eine Kerzenflamme erlischt, wenn ein Glas über sie gestülpt wird. Die Kinder haben schon Vermutungen. Wir gehen alles durch: Docht, Wachs, Teelichthülle. Die Schüler:innen zünden die Teelichte an und beobachten, dass das Wachs schmilzt. Ein Kind sagt, es sehe nach dem Schmelzen aus wie Wasser, ein anderes Kind beobachtet eine „unsichtbare Flamme" ganz nah am Docht, was sehr interessant ist, denn nah am Docht entsteht durch die Hitze Wachsdampf. Eine weitere beeindruckende Beobachtung ist, dass Kinder, deren Tisch in der Sonne steht, beobachten, dass sich durch das Sonnenlicht auf dem Tisch Rauch spiegelt, obwohl man keinen Rauch aus der Kerze aufsteigen sieht. Sie vermuten trotzdem, es handele sich um Schatten des unsichtbaren Rauchs (fachlich gesehen handelt es sich um Ruß, der einen Schatten wirft und der in einer Kerzenflamme vorhanden ist).

Was braucht eigentlich ein Feuer, um brennen zu können? Dazu bekommen die Schüler:innen ein Glas, das sie über die brennende Kerze stülpen (Abb. 20). Einige Kinder vermuten vorher, die Flamme werde sofort ausgehen und sind erstaunt, dass sie nicht sofort erlischt. Einzelne Kinder erklären, was die Flamme benötige:

„Die Kerze braucht Luft. In der Luft ist Sauerstoff, das braucht Feuer, um zu brennen."

„Feuer braucht Sauerstoff und Kohlenstoffdioxid."

„Eine Flamme kann nur leben, wenn sie Sauerstoff kriegt. Das ist wie bei Menschen, die brauchen ja auch Sauerstoff und produzieren Kohlenstoffdioxid."

„Bei Pflanzen ist das so, dass die Kohlenstoffdioxid brauchen und Sauerstoff brauchen."
„Die Luft im Glas verbraucht langsam, deswegen geht die Kerze aus."

Die Antworten beeindrucken abermals, ein Kind erzählt, dass die Formeln für Sauerstoff O_2 und für Kohlendioxid CO_2 lauten. Auf Wunsch einiger Kinder werden die Formeln an die Tafel geschrieben und erläutert, wofür die Buchstaben und Zahlen stehen.

Abb. 20: Versuchsaufbau mit Kerze und Glas

Mit Hilfe des Feuerdreiecks wird dann veranschaulicht, was Feuer benötigt: Sauerstoff, einen Brennstoff und natürlich eine gewisse Temperatur, also die Energie zum Entzünden.

Exkurs: Kriegsbeginn am 24.02.2022

Am 24.02.2022 beginnt ein Krieg. Viele Kinder sind darüber verunsichert, denn sie hören davon zu Hause oder auf dem Schulhof. Wie lässt sich damit im Unterricht umgehen? Die Grundschulzeitschrift hat 2018 ein Themenheft herausgegeben mit dem Titel „Krieg und Frieden". In dem Artikel „Krieg ist wie Gewalt – Frieden ist innen und außen" beschreibt

Wulfmeyer (2018, S. 6ff.) was Kinder einer dritten Klasse an Krieg und Frieden interessiert. 26 Kinder einer dritten Klasse haben ihre Sichtweise u.a. zu folgenden Fragen aufgeschrieben:
„Was ist Frieden?"
„Was ist Krieg?"
„Wie und wodurch entstehen Kriege?"
Alle Kinder äußern einen direkten Bezug zwischen Krieg und Gewalt, Frieden wird von vielen Kindern als Gegenteil von Krieg benannt. Zu den Ursachen von Krieg wird Streit geäußert, aber eher auf einer weltpolitischen als auf einer persönlichen Ebene (vgl. ebd.).
In einem weiteren Artikel innerhalb des Themenheftes werden Vorschläge gemacht, wie das Thema „Krieg und Frieden" mit Hilfe von kindgerechten Bilderbüchern erarbeitet werden kann. „Als die Raben bunt waren" (Schreiber-Wicke & Holland 2016) ist beispielsweise ein geeignetes Bilderbuch. Die Geschichte dahinter: Unter den ehemals vielfältig bunten Raben entbrennt ein Streit, nachdem ein Schneemann fragt, welche Farbe denn eigentlich die richtige sei. Gleichfarbige Gruppen schließen sich zusammen, es werden Parolen geschrien und schließlich gehen die Raben aufeinander los, ein Krieg beginnt. Eine glückliche Wendung erfolgt dadurch, dass es plötzlich zu regnen beginnt und alle Raben daraufhin schwarz werden, alle gleich aussehen und der Konflikt beendet wird. Der „Krieg der Farben" sei im übertragenen Sinne ein ethnischer Konflikt, Kinder lernen hier, dass Unterschiedlichkeit zu Konflikten führen kann. Und sie lernen etwas über politische Vorgänge, z.B. dargestellt durch die Rabengruppen, die sich zu Demonstrationen entschließen (vgl. Hering 2018). Durch das Vorlesen der Geschichte ergeben sich viele Gesprächsanlässe und Auseinandersetzungsmöglichkeiten zum Thema Krieg (Wulfmeyer 2022, S. 1).

8.4. Die Steinzeit

In der Unterrichtseinheit zu Feuer entwickelten sich Gespräche über die Entstehung des Feuers bzw. seit wann die Menschen Feuer kennen und nutzen. Insofern wird mit dem Inhalt Steinzeit angeknüpft.

8.4.1 Fachliche Klärung

8.4.1.1 Die Steinzeit und Evolution des Menschen

Die Datierungen der jeweiligen Abschnitte in der Steinzeit und der Evolution des Menschen sind nicht immer einheitlich, da es auch geografisch große Unterschiede und Entwicklungen gab, d.h. Einteilungen und Datierungen sind generell nicht auf andere Erdteile übertragbar. Die Steinzeit zeichnet sich durch die Verwendung von **Steinwerkzeugen** aus, die über die Zeit optimiert wurden, später wurden auch **bearbeitete Knochen sowie Speere, Pfeil und Bogen** benutzt (vgl. Hoffmann 2012, S. 403 ff.)
Die Steinzeit ist die früheste Epoche der Menschheitsgeschichte und umfasst die **Altsteinzeit (Paläolithikum)**, die **Mittelsteinzeit (Mesolithikum)** und die **Jungsteinzeit (Neolithikum)**. Die **ältere Altsteinzeit beginnt vor ungefähr 2,5 Millionen Jahren** und endet mit der **Mittelsteinzeit,** die

ungefähr **9.500-5.500 v. Chr.** verläuft. Es ist die Zeit zwischen dem Ende der letzten **Kaltzeit** und dem Beginn der Landwirtschaft im Neolithikum (vgl. Hoffmann 2012, S. 95). Über den Begriff der **Eiszeit** gibt es Verwirrungen, da **Kaltzeiten (oder Glaziale)** auch als Eiszeit bezeichnet werden. Tatsächlich befinden wir uns immer noch in einem **Eiszeitalter** und unsere heutige Warmzeit (oder Interglazial) ist ein Teil des heutigen Eiszeitalters: „Wir leben in einem Eiszeitalter. Selbst wenn gegenwärtig Mitteleuropa frei von Inlandeis ist, gehört die heutige „Warmzeit“ zu den Kaltphasen der Erdgeschichte. Während des ganz überwiegenden Teils der Vergangenheit waren auch die Polregionen eisfrei, und in den gemäßigten Breiten herrschte ein wärmeres Klima als heute“ (Ehlers 2011, S. 13). Das bedeutet, dass der Begriff Eiszeit häufig Synonym für das Eiszeitalter genutzt wird, was aber fachlich nicht korrekt ist. Der **Zyklus von Kalt- und Warmzeiten** hat in den letzten 600.000 Jahren jeweils ungefähr 100.000 Jahre gedauert (vgl. Ehlers 2011). Diese **Klimaschwankungen** mit den veränderten Bedingungen führten vermutlich zu einer erhöhten Bildung verschiedener Hominidenarten (also menschenähnlicher Arten), was die **Evolution des Menschen** vorantrieb. Die Erforschung wie, wann und wo sich die Menschen entwickelt haben, ist komplex und jeder Fossilfund kann zu neuen Erkenntnissen führen. Die Entstehung der Gattung **Homo (Mensch)** begann vermutlich vor 2,5 Millionen Jahren mit **Homo rudolfensis** (nach dem Fundort Rudolfsee, heute Turkana-See in Kenia) dem **Homo habilis** (der geschickte Mensch) vor 2,1 Millionen Jahren und dem **Homo erectus** (der aufrecht stehende Mensch) vor 1,5 Millionen Jahren (vgl. Hoffmann 2012, S. 115 ff.), wobei sich diese Angaben auf den afrikanischen Kontinent beziehen, da sich der Homo erectus vermutlich über eine Auswanderungswelle von Afrika aus über die ganze Welt verbreitete (Out of Africa) (vgl. Ehlers 2011, S. 317; vgl. Junker 2021 S. 38ff.). Die Entwicklung des Menschen erfolgte dann über den **klassischen Neandertaler** (vor 400.000 Jahren) bis zum frühen **modernen Homo sapiens** (der vernünftige Mensch; vor 200.000 Jahren) zum heutigen **Neumenschen Homo sapiens sapiens** (vgl. Hoffmann 2012, S. 115ff.). Die Evolution des Menschen fällt daher in die **Altsteinzeit**. Im **Mesolithikum** war der Mensch immer noch Wildbeuter (d.h. ohne Vorratshaltung und ohne Wirtschaft wie dem Ackerbau), allerdings bekam der Fischfang eine größere Bedeutsamkeit und die Menschen hielten sich an ihren Siedlungsplätzen länger auf. In der **Jungsteinzeit**, die je nach geografischer Lage vor **8.000-5.500 v. Chr.** begann, entwickelten sich neue Kulturtechniken, die dazu führten, dass die Menschen sesshaft wurden und eine **Domestikation von Pflanzen und Tieren** stattfand (vgl. ebd., S. 311 ff.).

8.4.1.2 Feuernutzung in der Steinzeit

Menschen hüteten das Feuer vermutlich schon vor 1,6 Millionen Jahren. Das Feuer wurde noch nicht selbst erzeugt, sondern **von Frühmenschen bewahrt**, wenn Blitze oder Vulkanausbrüche Bäume oder Sträucher entzündeten. Die ältesten bekannten Zeugnisse **eigener Feuerherstellung** gehen auf **40.000-30.000 Jahre alte Markasitknollen** zurück, ein Mineral, mit dem man durch Aufeinanderschlagen Funken erzeugen kann. Ein

Lagerfeuer wärmte nicht nur, sondern hielt auch Raubtiere fern und wurde schließlich zum Braten und Kochen genutzt.
Es gibt zwei verschiedene Möglichkeiten, Feuer zu erzeugen: Mit dem **Schlagfeuerzeug** wird eisenhaltiges Mineral, wie z.B. Pyrit und Feuerstein aufeinandergeschlagen, sodass Funken entstehen, die mit Hilfe von Zunder (ein leicht brennbares Material) zum Glimmen gebracht werden. Durch Pusten wird der Glutherd vergrößert bis ein Feuer entsteht. Bei **Reibfeuerzeugen** wird bei einem Feuerbohrer ein harter Stab senkrecht in ein weicheres Holz schnell hineingedreht, bis das Holzmehl oder anderes leicht brennbares Material glimmt. Andere Methoden sind **Feuerhobel, Feuersägen und Feuerpflügen** (vgl. Hoffmann 2012, S. 147ff.).

8.4.2. Kommunikative Elemente

Zunächst wird das Vorwissen in Form von Begriffssammlungen, die die Kinder mit der Steinzeit assoziieren, an der Tafel gesammelt (Abb. 21):

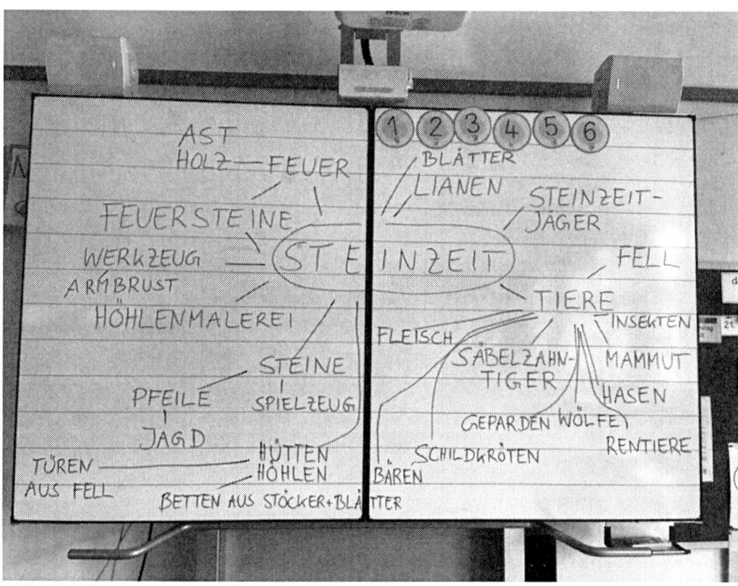

Abb. 21: Wir sammeln Begriffe an der Tafel zur Steinzeit

Einige Kinder beginnen eifrig, in ihr Forschungsbuch Zeichnungen über die Steinzeit anzufertigen (Abb. 22):

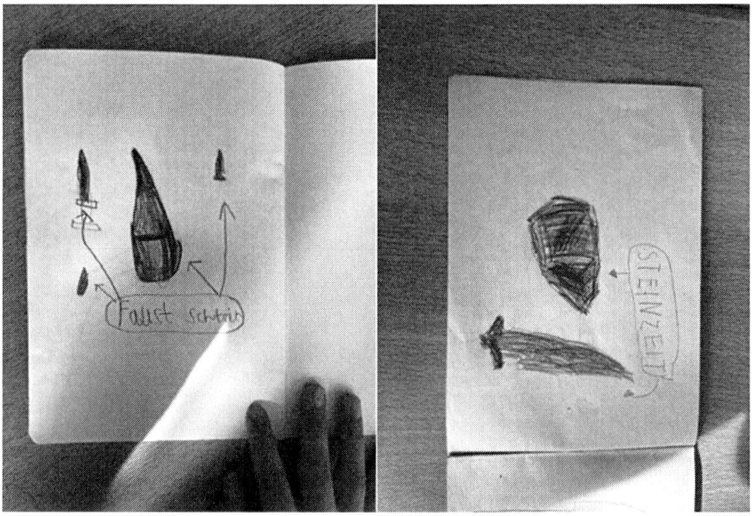

Abb. 22: Einige Kinder zeichnen etwas über die Steinzeit in ihr Forschungsheft

Das erste Mal in diesem Sachunterricht der ersten Klasse gibt es einen Themenhefter zur Steinzeit, der sich mehr und mehr erweitern wird. Es gibt zunächst ein Deckblatt, auf das die Schüler:innen ihren Namen schreiben und etwas zeichnen oder schreiben (Abb. 23). Das zweite Blatt enthält die Zusammenfassung der Begriffe zur Steinzeit, die wir an der Tafel zusammengestellt haben (Abb. 24).

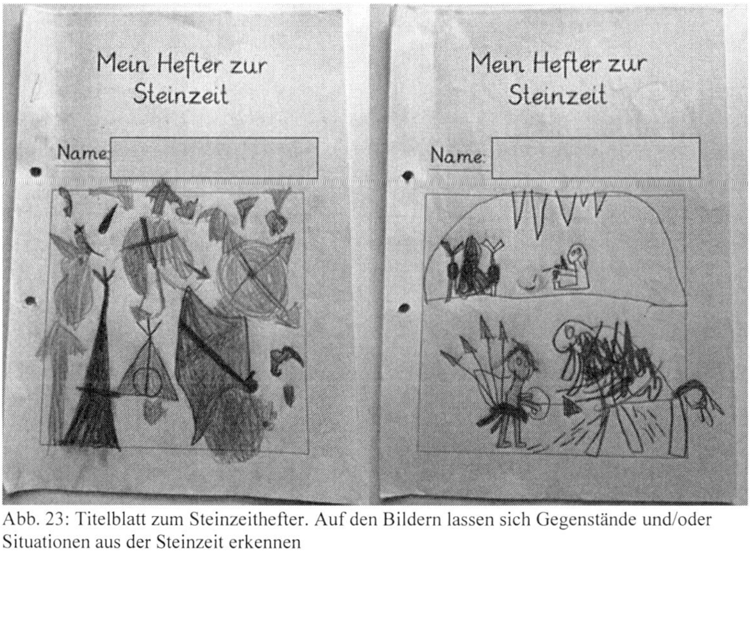

Abb. 23: Titelblatt zum Steinzeithefter. Auf den Bildern lassen sich Gegenstände und/oder Situationen aus der Steinzeit erkennen

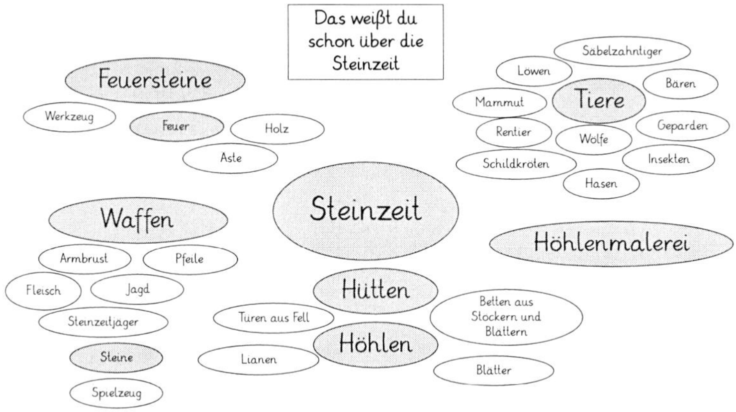

Abb. 24: Gesammelte Begriffe zur Steinzeit für den Hefter

In dem Hefter gibt es auch eine Seite, auf der die Kinder ihre Fragen zur Steinzeit stellen können (sie zeichnen oder schreiben die Fragen auf; in Klammern sind Mehrfachnennungen):

Warum haben die Elefanten kein Fell mehr? (4x)
Hatten Steinzeitmenschen Namen?
Wie sah die Toilette aus?
Warum gab es die Steinzeit? (2x)
Wie haben die Steinzeitmenschen gelebt? Hatten die Steinzeitmenschen Hütten?
Was hatten die Steinzeitmenschen für Gewehre?
Hatte der Säbelzahntiger einen dritten Zahn?
Wieso lebten die Mammuts in der Steinzeit?
Wie ist es möglich, dass so eine große Linie die Steinzeit war und so eine kleine Linie die heutige Zeit? (Das bezieht sich auf die Länge der Zeitleiste)

8.4.3. Handlungsorientierte Umsetzung

8.4.3.1 Eine Zeitleiste zur Steinzeit

Wann gab es eigentlich die Steinzeit? Es ist schwierig für Kinder, sich einen langen Zeitraum vorzustellen, daher wird mit Hilfe einer Zeitleiste versucht, dies zu verdeutlichen. Die Zeitleiste wird mit Hilfe eines Maßbandes 20 Meter lang im Schulflur ausgelegt, vorbereitet wurden DIN A4-Plakate mit den Angaben zum Ereignis und die ungefähre Entstehung in Jahren. Diese Angabe wurde noch auf die 20 Meter der Maßbandlänge umgerechnet (Tab. 1). Es handelt sich bei den Zahlen nur um ungefähre Angaben. Die Entstehung der jeweiligen zeitlichen Abschnitte ist hochkomplex, geografisch unterschiedlich und soll daher nur eine Orientierung angeben.

Tab.1: Umrechnung der Ereignisse und Epochen in Meter/Zentimeter

Beginn von …	**Entstehung ungefähr vor …** v. h. = vor heute v. Chr. = vor Christus	**Umrechnung in Metern (im Verhältnis zum 20-Meter-Maßband) (auf-/abgerundet)**
Altsteinzeit Paläolithikum	2,5 Millionen Jahren v. h.	20 m
Homo habilis Der geschickte Mensch	2,1 Millionen Jahren v. h.	17 m
Menschen bewahren Feuer	1,6 Million Jahren v. h.	13 m
Homo erectus Der aufgerichtete Mensch	1,5 Millionen Jahren v. h.	12 m
Neandertaler	400.000 Jahren v. h.	3,2 m
Homo sapiens (sapiens) Der wissende Mensch	200.000 Jahren v. h.	1,6 m
Menschen machen selbst Feuer	40.000 Jahren v. Chr.	32 cm
Erste Höhlenmalereien	31.000 Jahren v. Chr.	25 cm
Mittelsteinzeit Mesolithikum	9.500 Jahren v. Chr.	8 cm
Jungsteinzeit Neolithikum	8.000 Jahren v. Chr.	6 cm

Wichtige Abschnitte oder Ereignisse aus der Ur- und Frühgeschichte des Menschen wurden zusammen mit den Kindern auf eine Länge von 20 Metern gelegt. Es gab immer wieder Diskussionen unter den Kindern, wann denn nun welche Epoche begann (Abb. 25):

Abb. 25: Das Maßband wird 20 Meter in den Schulflur ausgelegt und die zentralen Ereignisse zusammen mit den Kindern erarbeitet

8.4.3.2 Epochen und Ereignisse in der Steinzeit – Einbezug digitaler Methoden

Bisher wurde auf Arbeitsblätter verzichtet, das Blanko-Heft (Forschungsheft) erfüllte durchaus den Zweck, Dokumentationen, Mitteilungen und Aufzeichnungen zu sammeln. Auch, wenn das Forschungsheft weiterhin genutzt wird, werden für diesen Inhalt erste auf die Lerngruppe zugeschnittene Arbeitsblätter verwendet. Es ist inzwischen Mai und die meisten Kinder können schon recht gut lesen. Für die Kinder, die noch nicht so gut lesen können, wird eine digitale Form genutzt, die fortschreitende Digitalisierung und die Erfahrungen aus den zurückliegenden Lockdowns in der Pandemie haben hier neue Möglichkeiten eröffnet. Alle Kinder im Land Bremen verfügen über iPads und alle Kinder lernen bereits in der ersten Klasse, damit umzugehen.

Eine erste Aufgabe enthält einen Text, der sich mit der Feuernutzung in der Steinzeit befasst. Der Text kann gelesen werden oder mit Hilfe eines QR-Codes angehört werden. Die Nutzung des iPads und die Funktion des Einscannens des QR-Codes ist den Kindern bereits aus dem Unterricht bekannt. Wichtig ist, dass die Schüler:innen Kopfhörer nutzen, weil 24 iPads sonst ziemlich laut wären.

Einige Kinder lesen zunächst den Text, andere fangen sofort mit dem Anhören an. Und auch die Kinder, die den Text gelesen haben, nutzen den QR-Code, denn das ist eine spannende neue Aufgabe. Es gibt ein Arbeitsblatt mit Antwortmöglichkeiten zu dem Text, hier lernen die Kinder also auch Textverstehen. Manchmal muss der Text mehrmals angehört werden, um die richtigen Antworten herauszuhören. Das finden einige Kinder mühsam, aber nach einiger Zeit klappt es besser. Genaues Zuhören ist wichtig, um die Fragen beantworten zu können (Abb. 26):

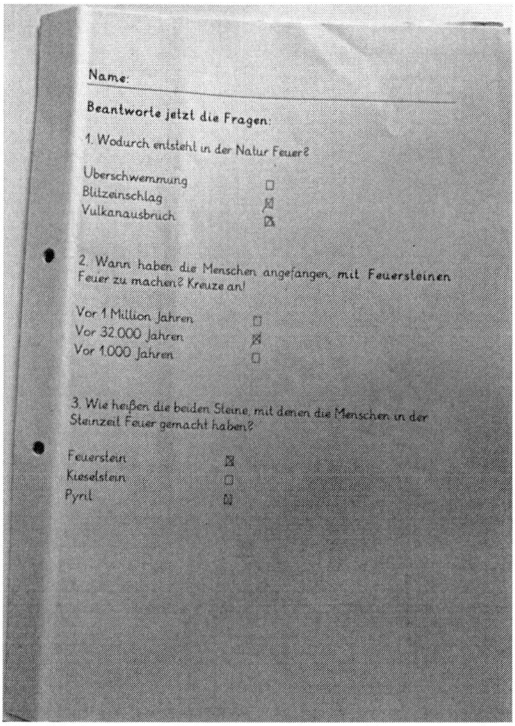

Name:

Beantworte jetzt die Fragen:

1. Wodurch entsteht in der Natur Feuer?

Überschwemmung ☐
Blitzeinschlag ☒
Vulkanausbruch ☒

2. Wann haben die Menschen angefangen, mit Feuersteinen Feuer zu machen? Kreuze an!

Vor 1 Million Jahren ☐
Vor 32.000 Jahren ☒
Vor 1.000 Jahren ☐

3. Wie heißen die beiden Steine, mit denen die Menschen in der Steinzeit Feuer gemacht haben?

Feuerstein ☒
Kieselstein ☐
Pyrit ☒

Abb. 26: Antwortmöglichkeiten zum Text zur Feuernutzung in der Steinzeit (nach: Jebautzke 2019, S. 9ff.)

Wer fertig ist, bekommt einen weiteren QR-Code, der einen Link zu einer Kindersendung über die Steinzeit beinhaltet. Es kann aber auch im eigenen Steinzeithefter gezeichnet werden, weitere Texte können geschrieben oder es kann etwas gelesen werden. Die Schüler:innen nutzen je nach Interessen und Fähigkeiten unterschiedliche Möglichkeiten.

Wir vertiefen den Inhalt Steinzeit mit weiteren Texten, bei denen es wieder die Möglichkeit gibt, mit Hilfe eines QR-Codes Texte anzuhören, um Fragen beantworten zu können. Es geht darum, zu lesen (oder zu hören), dass es die Jung-, Mittel- und Altsteinzeit (bzw. Neolithikum, Mesolithikum und Paläolithikum) gab, die zu verschiedenen Zeitaltern stattfanden und in denen es bestimmte Charakteristika gab. Es wird aber auch erfahren, warum die Steinzeit überhaupt Steinzeit genannt wird (Abb. 27):

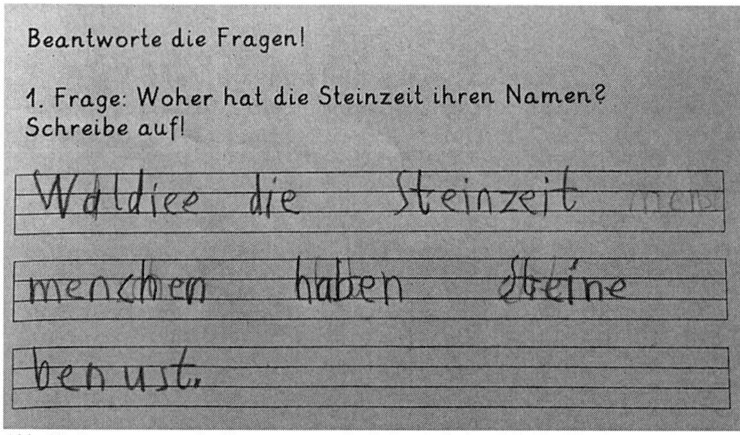

Abb. 27: Beantwortung der Frage, warum die Steinzeit Steinzeit heißt. Die Antwort kann auch aufgezeichnet werden

8.4.3.3 Feuer machen wie in der Steinzeit

Es wird darüber gesprochen, dass Menschen in der Steinzeit Feuersteine nutzten, um Feuer zu entfachen. Dazu werden einige Feuersteine herumgegeben, ebenso Pyrit, das notwendig ist, um Funken zu schlagen. Es gibt aber auch andere Möglichkeiten und die werden ausprobiert: Feuer machen mit einem Feuerbohrer.

Dazu brauchen die Kinder einen Stab aus Hartholz und ein flaches Stück Weichholz mit einem Bohrloch, das so groß ist, dass der Stab da gut hineinpasst (die Löcher werden vorgebohrt). Weiterhin werden leicht brennbare Holzspäne benötigt. Die Kinder probieren auf dem Schulhof, ein Feuer zu entfachen. Dazu müssen sie den Stab in dem Bohrloch sehr schnell hin- und herdrehen und der/die Partner:in muss die Holzspäne an das Bohrloch halten, damit diese sich entzünden können, sobald die Temperatur hoch genug ist (Abb. 28):

Abb. 28: Die Kinder versuchen auf dem Schulhof, ein Feuer nach den Methoden der Steinzeit zu entfachen

Es zeigt sich, dass es keine leichte Aufgabe ist und die Erkenntnis der Kinder ist: Feuer machen mit diesen Werkzeugen ist kompliziert. Am Ende schafft es zwar kein Kind, doch alle haben drei Dinge gelernt, nämlich, dass es sehr mühsam ist, Feuer auf diese Weise zu entfachen, dass wahrscheinlich viel Übung notwendig ist und sie haben Werkzeuge kennengelernt, mit denen sich im Prinzip Feuer entfachen ließe. Das Ergebnis haben die Schüler:innen in ihren Steinzeitheftern dokumentiert (Abb. 29):

Abb. 29: Auf dem Arbeitsblatt dokumentieren die Kinder die Übung mit dem Feuerbohrer

Feuersteine scheinen die Kinder auch außerhalb der Unterrichtstunden weiterhin zu beschäftigen, denn in den Pausen werden jetzt viele Steine gesammelt, in der Hoffnung, einen Feuerstein oder sogar Pyrit gefunden zu haben.

Eine Zwischenevaluation zur Steinzeit

Mit Hilfe einer Vorlage, die mehrere Antwortmöglichkeiten bereithält, können die Kinder die bisherige Unterrichtseinheit evaluieren (Abb. 30):

Abb. 30: Die Kinder evaluieren die bisherige Unterrichtseinheit zur Steinzeit

Im Folgenden sind Beispiele einiger Äußerungen zur Evaluation:

S: Ich würde gerne noch wissen, wie es sein kann, dass so eine große Strecke von da nach da [zeigt eine große Strecke] die Steinzeit war und von hier bis hier [zeigt eine sehr kleine Strecke] sich so viel geändert hat. Zum Beispiel die Autos wurden erfunden.
S: Mir hat das nicht so gut gefallen, weil ich es schwer fand.
S: Das habe ich heute gelernt: Manchmal, in der Natur, da können ja manche Sachen passieren, z.B. Bäume gehen kaputt. Und heute habe ich ja auch

gelernt, dass Feuer sehr schwer ist und man manchmal auch ein bisschen Hilfe braucht.
S: Das hat mir an dieser Stunde nicht gefallen: Weil das Feuer nicht angegangen ist.
S: Mir hat es heute besonders gefallen, weil wir was Neues gelernt haben.
S: Mir ist klar geworden, dass man mit Stöckern nicht so leicht Feuer machen kann.
S: Mir ist heute aufgefallen, dass Feuer schwer zu machen ist und dass die Steinzeitmenschen auch sehr viel Geduld brauchten.
S: Das wollte ich noch wissen: Die Steinzeitmenschen mussten viele Steine formen, damit sie die Tiere töten konnten.
S: Mir hat nicht gefallen, dass das Feuer überhaupt nicht angegangen ist.
S: Ich möchte wissen, ob wir es jemals schaffen werden, Feuer zu machen.
S: Ich möchte noch wissen, wie die Steinzeitmenschen die Fische gefangen haben.
S: Mir hat es heute nicht gefallen, weil wir es heute nicht mit dem Stein gemacht haben.

Mit Hilfe der Evaluation bewerten die Kinder die bisherigen Inhalte der Unterrichtseinheit und haben auch neue Fragen, die in weiteren Gesprächen und Recherchen geklärt werden.

8.4.3.4 Höhlenmalerei

In der nächsten Stunde bekommen wir Besuch. Die Mutter eines Kindes, die Kunstpädagogin Valentina Pacheco Fernandes, bietet an, mit den Kindern zu Höhlenbildern zu arbeiten. Dazu zeigt sie zunächst einen virtuellen Rundgang zur Höhle in Lascaux, Frankreich, den man im Internet ansehen kann (https://archeologie.culture.fr/lascaux/de/besichtigung-der-hoehle/nef) und bei der sich die beeindruckende Dimension der Malereien verdeutlichen lässt. Die Höhle von Lascaux wurde 1940 von vier Jugendlichen entdeckt. Die Malereien, die vermutlich auf 17.000-15.500 v. Chr. Zu datieren sind, umfassen über 575 Tiere, wobei Pferde und Auerochsen überwiegen (vgl. Hoffmann 2012, S. 163). Ein Kind gibt eine beeindruckende Antwort auf die Frage, warum die Steinzeitmenschen Höhlenmalerei betrieben haben:

„Damit sie ihre Geschichte nicht vergessen."

Valentina Pacheco Fernandes hat Materialien mitgebracht: Schüsseln und Löffel, verschiedene Erden und Gewürze, die als Farbstoff dienen, Kohle und einen Brei aus Maisstärke. Dies dient als Bindemittel, gemalt wird auf einer Papierrolle (Abb. 31, 32):

Abb. 31: Die Kinder malen mit verschiedenen Farbstoffen auf die Papierrolle

Abb. 32: Ausstellung im Schulflur

Es zeigt sich, dass vor allem Tiere gemalt werden, aber auch Handabrücke oder es wird einfach mit der ungewöhnlichen Farbe experimentiert. Es ist neu, dass es keine Pinsel dafür gibt. Ich muss also mit den Händen bzw. Fingern malen, ein haptisches Erlebnis. Und ich lerne, wie in der Steinzeit gemalt wurde und dass es mit den damaligen Möglichkeiten gar nicht so einfach war, vor allem in einer kalten und dunklen Höhle.

8.4.3.5 Eine Steinzeitlandschaft

Wie haben die Menschen in der Steinzeit gelebt? Es gab ja keine Häuser, so wie heute. Um sich das vorzustellen, wird mit einem ästhetischen Zugang weitergemacht: Der Bau einer Steinzeitlandschaft. Es wird ein Schuhkarton verwendet, den jedes Kind mitbringt und dessen vordere Seite abgeschnitten wird. Dafür werden verschiedene Materialien wie Hölzer, Zahnstocher, Bänder, verschiedene Klebstoffe, Sand, Gräser (die auch für Modelleisenbahnlandschaften verwendet werden), Steine, Zapfen etc. verwendet. Es wird auch eine Heißklebepistole genutzt, die aber nur von den Erwachsenen bedient wird. So lassen sich die kleinen Steine besser verkleben.
Zunächst werden die inneren Seitenwände des Schuhkartons mit Papier beklebt, um ihn bemalbar zu machen. Darauf kann z.B. eine Landschaft oder ein Himmel gemalt werden (Abb. 33):

Abb. 33: Die Innenwände der Schuhkartons werden bemalt

Nach dem Trocknen geht es weiter: Die Kinder suchen sich Materialien aus, die für die Landschaft genutzt werden sollen. Damit die Kinder wissen, wie so etwas aussehen könnte, wurde ein Prototyp mitgebracht, an dem sie sich orientieren können, wenn sie möchten. Am Ende gibt es 24 verschiedene Landschaften, die die Kinder im Rahmen eines Museumsgangs vorstellen (Abb. 34):

Abb. 34: Steinzeitlandschaften

Einige Kinder möchten ihre Landschaften vorstellen:

„Das hier sind die Sitze und das hier noch als Baum und das hier noch als Holzlager. Und ein Zelt, das wird gerade zusammengebaut."

„Hier habe ich Pyrit und Feuersteine hingebaut. Hier kann man das Fell aufhängen. Hier habe ich eine Wohnung gemacht. Hier habe ich mir gedacht, das könnten Häuser für die Tiere sein. Hier wollte ich Feuer machen. Und das hier, das ist der Ausguck und hier noch ein bisschen Gras."

8.4.3.6 Tiere in der Steinzeit

Das Interesse an Tieren spielt auch bei dem Inhalt Steinzeit eine Rolle, daher schließen wir daran an und sammeln zunächst an der Tafel, welche Tiere wohl in der Steinzeit gelebt haben könnten (Abb. 35):

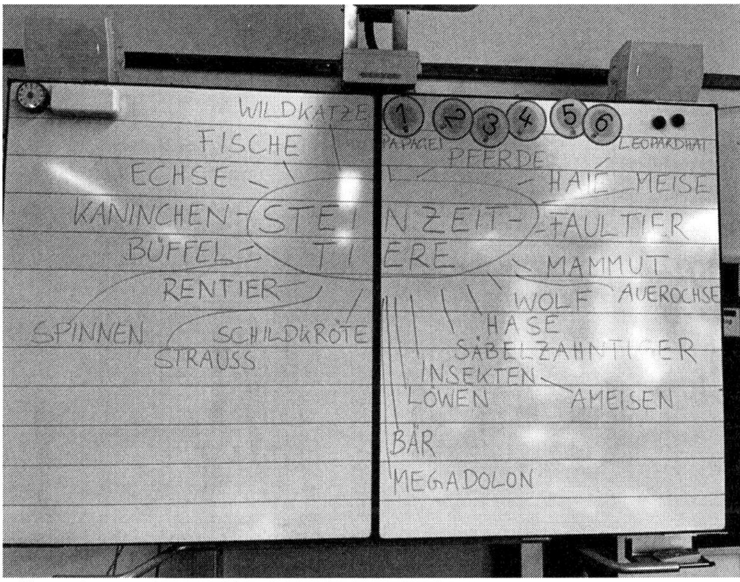

Abb. 35: Gesammelte Begriffe zu Tieren in der Steinzeit

Die Sammlung der Begriffe zeigt, dass typische Tiere, die in der Steinzeit gelebt haben, benannt werden wie z.B. Mammut (das eigentlich Wollhaarmammut heißt) oder Säbelzahntiger (die eigentlich Säbelzahnkatze heißt), aber auch viele andere Tiere, die (immer noch) in der Gegenwart leben oder aber bereits ausgestorben sind wie Megadolon (eine ausgestorbene Haiart). Die Antworten sind insgesamt sehr vielfältig.

Die Kinder arbeiten nun an einem Steckbrief zu einem typischen Tier aus der Steinzeit und haben die Auswahl zwischen Wollhaarmammut, Säbelzahnkatze, Höhlenbär, Wollnashorn und Riesenhirsch. Zu jedem Tier gibt es einen Informationstext und eine Abbildung, der Text kann gelesen und/oder wieder mit einem QR Code angehört werden. Aus dem Text suche ich mir verschiedene Informationen heraus: Wie groß das Tier war, ob es ein Pflanzenfresser, Allesfresser oder Fleischfresser war und was es sonst noch für Besonderheiten bei diesem Tier gab. Ich kann etwas zeichnen und mir ein oder mehrere Tiere aussuchen. Am Ende präsentiere ich einen oder mehrere Steckbrief(e) (Abb. 36).

Abb. 36: Ein Kind hat sich die Informationen mit Hilfe des iPads angehört und verfasst die Kernaussagen für einen Steckbrief

8.4.4 Ein Abschluss und eine Evaluation

Der Inhalt Steinzeit wird beendet und es wird überprüft, was sich seit der ersten Sammlung von Begriffen verändert hat (Abb. 37):

Abb. 37: Sammlung von Begriffen am Ende der Unterrichtseinheit zur Steinzeit

Das Wissen ist differenzierter geworden, fachlicher. Viele Kinder wissen, dass es drei Abschnitte innerhalb der Steinzeit gab, welche Tiere ausschließlich in der Steinzeit gelebt haben und dass das Mammut eigentlich Wollhaarmammut heißt und der Säbelzahntiger eine Säbelzahnkatze ist. Und es gab noch den Auerochsen (auch Ur genannt), den Höhlenbären und ein Nashorn, das auch Fell hatte. Und Feuer kann mit Steinen und anderem Material gemacht werden.

Zum Abschluss wird wieder eine Evaluation durchgeführt, wieder mit dem Evaluationskreis:

„Ich hab‘ mir ausgesucht, ich möchte noch wissen, wie sind die Tiere hier entstanden? Ich frage mich auch, wie z.B. andere Menschen entstanden sind in der Steinzeit. Wenn der erste Mensch gar nicht da wäre, können auch andere Menschen nicht gemacht werden, dann hätte es diese Welt gar nicht gegeben. Da frag ich mich überhaupt, gab es eine Quelle, wo jemand geboren ist oder war es nur Mutter Natur?“
„Mir hat gefallen, weil wir viele Sachen gelernt haben.“
„Mir hat gefallen, dass wir das nachgeholt haben, was wir schon gelernt haben.“
„Mir hat es gefallen, weil wir viel gelernt haben.“
„Mir hat gut gefallen, was wir über die Steinzeit gemacht haben.“
„Ich würde noch gern wissen, ob es Bakterien in der Steinzeit gibt.“
[Ein anderes Kind sagt daraufhin: „Ich kenne die Lösung: In jeder Zeit gab es Bakterien.“]
„Mir hat gefallen, dass wir viel gelernt haben.“
„Ich bin glücklich, dass wir so viel über die Steinzeit gelernt haben. Das ist ja auch mehr Wissen jetzt.“
„Mir hat gefallen, dass wir Sachen gemacht haben und dass das Spaß gemacht hat.“
„Mir hat es gut gefallen, weil wir was gemacht haben, was mich interessiert.“
„Ich habe gelernt, dass die in der Steinzeit auch schon zusammen reden konnten.“
„Ich habe gelernt, dass es nicht nur ein paar Tiere gab, sondern dass es ganz viele Tiere gab. Nicht nur ein oder zwei, sondern ganz viele. Wir können die nicht mal zählen, so viele.“
„Ich möchte noch wissen, nachdem das Universum explodiert ist, wie haben sich die Lebewesen geformt. Der Big Bang hat ganz viele Planeten zerstört und dann aus diesen Planeten sind Bakterien gekommen und diese Bakterien sind dann zum Planeten Erde gegangen und haben angefangen, sich zu verändern und zu anderen Tieren zu werden.“
„Ich möchte noch wissen, ob es im All Bakterien gibt.“
[Ein anderes Kind sagt daraufhin: „Es gibt Bakterien im All.“]
„Ich habe gelernt, welche Tiere in der Steinzeit waren.“

8.5 Regenwürmer

Im Laufe des ersten Schuljahres haben die Kinder immer wieder in unterschiedlichen Zusammenhängen großes Interesse an Tieren gezeigt. Daher wird das erste Schuljahr mit einem Inhalt aus der Tierwelt abgeschlossen: Mit dem Regenwurm.

8.5.1 Fachliche Klärung

Regenwürmer gehören zum Stamm der Ringelwürmer (*Phylum Annelida*) bzw. zur Klasse der *Oligochaeta* (Wenigborster); *Lumbricus terrestris* ist die bekannte **Regenwurmart aus dem Garten**. Der langgestreckte Körperbau zeigt wie alle Ringelwürmer viele Segmente, die äußerlich als **Ringelung** sichtbar sind. Bei den meisten Regenwürmern befinden sich an jedem Segment vier Paar **Seten**. Dabei handelt es sich um eine Ausprägung chitinhaltiger Borstenpaare, die dafür sorgen, dass der Regenwurm beim Graben nicht weggleitet. Die **Bewegung** erfolgt durch peristaltische Bewegungen und durch Kontraktion der Ringmuskulatur, so dass sich der Körper abwechselnd streckt und verkürzt.
Regenwürmer ernähren sich überwiegend von zerfallendem, organischem Material wie z.B. Blattteilen, indem die angefeuchtete Nahrung durch Saugen des stark muskulösen Schlundes nach innen gezogen wird. Auf diese Weise kann z.B. der Tauwurm Blätter oder Gräser fest ansaugen und in seine Wohnröhre ziehen, wo die Nahrung anschließend weiter zersetzt wird. Über den Magen gelangt die Nahrung in den Darm und die krümelige Losung (Kot) wird anschließend in typischen und vor allem nährstoffreichen Häufchen abgelegt. Pflanzenwurzeln wachsen bevorzugt in verlassenen Wurmgängen, da Regenwürmer die Wände ihrer Wohnhöhlen mit dem nähstoffreichen Kot auskleiden.
Das **Blut des Regenwurms** kreist in einem geschlossenen Gefäßsystem und versorgt ihn mit Sauerstoff und Nährstoffen. Der Gasaustausch erfolgt über die feuchte Haut, da Regenwürmer keine speziellen Atmungsorgane aufweisen. Daher ist es für dieses Tier lebensnotwendig, die Haut feucht zu halten; eine Austrocknung würde den Tod bedeuten. Gegen UV-Strahlung und als Tarnung gegen Fressfeinde sind viele Arten durch Pigmentierung geschützt.
Regenwürmer sind wie alle Wenigborster **Hermaphroditen, also sog. Zwitter**, wobei es nicht zur Selbstbefruchtung kommt, sondern paarungswillige Tiere nachts oder in der Dämmerung aus ihren Röhren kommen und eine:n Partner:in suchen. Die Fortpflanzungsorgane befinden sich bei *Lumbricus* in den Segmenten 9-15, d.h. dort befinden sich sowohl die männlichen als auch die weiblichen Keimdrüsen. Die Paarung erfolgt dadurch, dass die ventralen Körperseiten durch Schleimbänder zusammengehalten werden, wobei die anterioren (vorderen) Enden in entgegengesetzte Richtung zeigen. Der bei der Paarung produzierte Schleim entsteht in einer Verdickung zwischen den Segmenten 30-35 und wird als Clitellum bezeichnet. Bei der wechselseitigen Paarung fließt Sperma aus der Genitalpore an Segment 15 zu Samentaschen der Paarungspartner:in Nach der Befruchtung trennen sich die Würmer und eine vom Clitellum erzeugte

Schleimröhre bewegt sich jeweils vorwärts, um Eier und Sperma aufzunehmen, wobei beim Abrutschen des inzwischen verhärteten Schleimringes ein Kokon entsteht, dessen Enden nach der vollständigen Entledigung verschlossen werden. Der **Eikokon** wird in der Nähe des Grabganges der Würmer abgelegt und nach 2-3 Wochen schlüpfen junge Würmer. Die Kokons ähneln in ihrer Form kleinen Zitronen und sind mit bloßem Auge gut zu erkennen.
Einheimische Regenwürmer sind 12-30 cm lang, tropische Arten können allerdings bis zu 4 Meter Länge erreichen. Regenwürmer sind für die **Bodenfruchtbarkeit und Humusbildung** von großer Bedeutsamkeit. Aufgrund des Einsatzes von Mineraldüngern und Pestiziden sowie schwerer landwirtschaftlicher Maschinen dezimiert sich der Bestand von Regenwürmern. In einem natürlich fruchtbaren Boden sollten 400 Regenwürmer pro Quadratmeter leben, tatsächlich sind es in bearbeiteten Böden oftmals nur 4-40 (vgl. Buch 1986, S. 8ff.; vgl. Wehner & Gehring 2007, S. 731ff.; vgl. Hickman et al. 2008, S. 550ff.; Rohen & Wulfmeyer 2021, S. 88f.).

8.5.2 Kommunikative Elemente

Welche Fragen haben die Schüler:innen über Regenwürmer? Dazu werden Kinderfragen an der Tafel gesammelt:

Saugen Regenwürmer die Erde auf?
Haben Regenwürmer Augen?
Haben Regenwürmer Füße?
Was essen Regenwürmer?
Haben Regenwürmer Ohren?
Haben Regenwürmer Fühler?
Haben Regenwürmer einen Mund?
Wie bewegen sich Regenwürmer?
Haben Regenwürmer Babys?
Wie alt können Regenwürmer werden?
Gibt es Regenwürmer in verschiedenen Größen?
Gibt es Regenwürmer in verschiedenen Farben?
Hinterlassen Regenwürmer Schleim, wenn sie gehen?
Sind Regenwürmer dehnbar oder kriegen sie mehr Haut?
Haben Regenwürmer eine Nase?
Wie kriegen Regenwürmer Babys?
Sind Regenwürmer auch für etwas gut?
Wie lang können Regenwürmer werden?
Wieviel wiegen Regenwürmer?
Woher haben die Regenwürmer ihren langen Körper?
Haben Regenwürmer Zähne?
Wie groß ist das Gehirn von Regenwürmern?
Haben Regenwürmer einen Kopf?

Es zeigt sich eine große Vielfalt an Kinderfragen. Wie kann eine Lehrkraft nun vorgehen, damit die Schüler:innen ihre Fragen klären können? Viele

Fragen lassen sich selbst durch Beobachtung klären, daher können Materialien genutzt werden, um die Beobachtungen zu unterstützen (vgl. Rohen-Bullerdiek 2010). Andere Fragen lassen sich nur durch Recherche herausfinden.

Bevor die Kinder allerdings mit Regenwürmern in Kontakt kommen, müssen generelle Regeln im Umgang mit diesen Tieren besprochen werden. Ich muss wissen, dass ich vorsichtig mit Tieren umgehe und sie nicht verletze. Ich muss auch gut aufpassen, dass die Regenwürmer nicht austrocknen, daher müssen sie immer mit ausreichend Wasser benetzt werden. Sie dürfen vor allem nicht der Sonne ausgesetzt werden. Die Kinder nehmen die Regeln sehr ernst und haben großen Respekt vor den Lebewesen, teilweise machen sie sich große Sorgen, ob es den Tieren denn auch gut gehen werde.
Der Sommer ist trocken, die Chance, selber Regenwürmer in der Umgebung des Schulhofs zu finden, ist eher gering. Daher werden große Tauwürmer aus dem Angelgeschäft mitgebracht, die sich für Beobachtungen an den Tieren sehr gut eignen.

8.5.3 Handlungsorientierte Umsetzung

Zunächst muss der Regenwurm vorsichtig auf dem Teller platziert werden (Abb. 38) auf dem ein feuchtes Tuch aus dem Handtuchspender gelegt wird. Mit einer Lupe können bereits einige Fragen geklärt werden, z.B. ob der Regenwurm Augen, Füße, Ohren, eine Nase, Fühler oder einen Mund hat. Mit Hilfe einer Plexiglasscheibe kann der Regenwurm von unten angesehen und es kann beobachtet werden, wie seine Bewegungen ablaufen. Es ist zu beobachten, dass sich der Wurm wie bei einer Ziehharmonika mal zusammenzieht und wieder lang macht. Wenn ein Filterpapier genommen wird und der Regenwurm darauf platziert wird, wird ein leichtes Kratzen gehört. Der Regenwurm ist gar nicht so glatt, denn er hat an jedem Ring Borstenpaare und die sind bei Bewegung als leises Kratzen zu hören. Um zu überprüfen, ob ein Regenwurm hören kann, kann ein kleines Musikinstrument wie z.B. eine Rassel benutzt werden (oder ich klatsche in die Hände). Zeigt der Regenwurm bei Geräuschen eine Regung? Und wenn er reagiert, liegt das daran, dass ein Regenwurm hören kann? Die Kinder versuchen, ihre Fragen zu klären, z.B. wie lang ein Regenwurm ist (Abb. 39):

Abb. 38: Die Kinder beobachten Regenwürmer und haben keine Scheu, sie auf die Hände zu nehmen

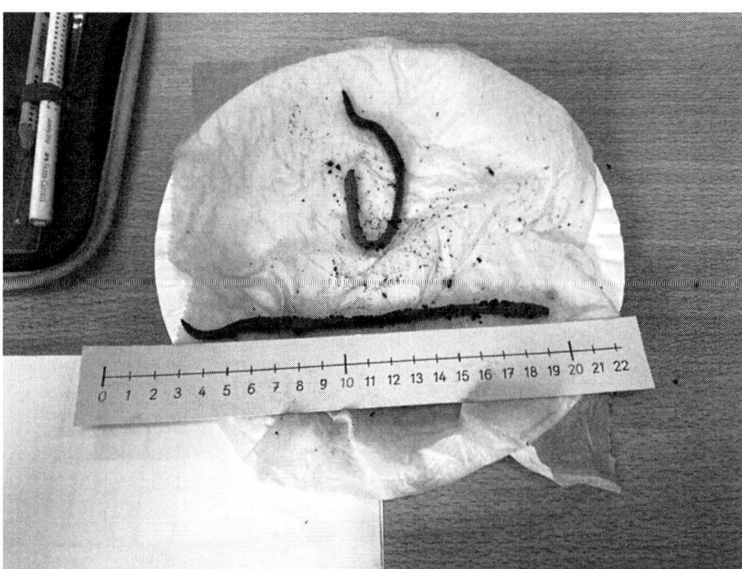

Abb. 39: Ein Kind möchte wissen, wie lang der Regenwurm ist und nutzt dafür ein Lineal aus dem Matheunterricht

Das Forschungsheft wird zur Dokumentation der Ergebnisse genutzt (Abb. 40, 41):

Abb. 40: Die Beobachtungen werden im Forschungsheft dokumentiert

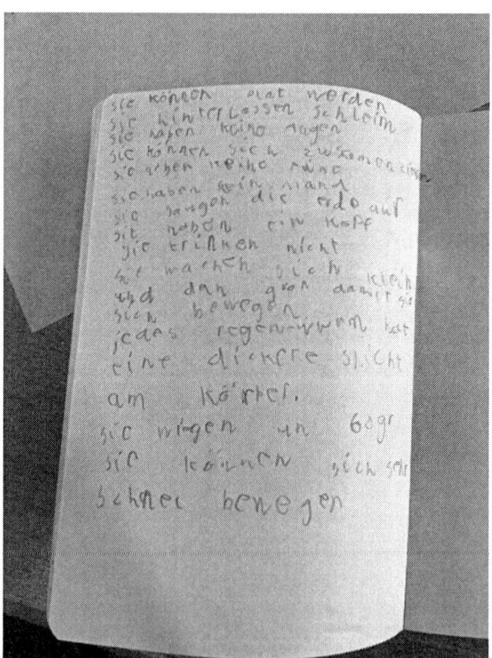

Abb. 41: Viele Fragen zu den Regenwürmern werden beantwortet

Die dokumentierten Ergebnisse werden nun im Klassenkreis zusammengetragen. Es wird nach Gruppen vorgegangen und jedes Kind darf etwas vortragen (S = Schüler:in; I = Impulsgeberin):

S: Ich habe beobachtet, dass Regenwürmer einen Mund haben. Der Regenwurm ist 19 cm groß und isst Äpfel.
S: Ich habe herausgefunden, dass wenn die Regenwürmer lang sind, dass sie sehr dünn sind und wenn sie klein sind, dass sie sehr dick sind.
I: Wie schaffen die das?
S: Also, wie ich geschrieben habe, sind die ein bisschen elastisch.
I: Was brauchen die, um sich zu bewegen?
S: Unser Herz, denn wenn das Herz sich gar nicht bewegt, dann können wir uns auch gar nicht bewegen, denn das Herz ist unser Motor.
S: Kräfte
S: Durch das Gehirn, denn wenn das Gehirn ausgeht, kann man sich nicht mehr bewegen.
S: Das kommt in die Rippen, also die Kraft von den Rippen wird durch die Leitungen und dann kommt all die Kraft in die Fäuste.
[I: Ich zeige, wie ich meinen Oberarm anspanne.]
Mehrere Kinder sagen: Muskelbewegungen.
I: Der Regenwurm besteht aus einem ganz langen Muskel.
S: Ich habe heute gelernt, dass der Regenwurm sich bewegt wie ein Rohr, der immer weitergeht. Er hat Füße, er hat einen Mund.
S: Er hat einen Mund, er hat Füße, er ist elastisch, er hat einen Kopf, er hat ein Auge.
S: Ich denke, der Regenwurm bewegt sich fast wie eine Schlange.
[Ich erkläre, was es mit den „Füßen" auf sich hat (Borstenpaare); eine Schülerin sagt, der Regenwurm hätte sie vorhin ein bisschen gepiekt.]
S: Jeder Regenwurm hat eine dickere Schicht am Körper.
S: Der Regenwurm ist so eine dehnbare Sache, wo Muskeln sind und deswegen sind die auch sehr dick und die Muskeln senden einen Impuls durch den ganzen Körper. Und dann kann er sich nach vorne schieben mit der Kraft.
S: Ich glaube, dass die sich so nach vorne ziehen [zeigt es].
S: Ich glaube, die machen sich kleiner und größer und können sich dann fortbewegen.
S: Aken [Ich denke, er meint Aktin, das Muskelprotein]. Aken ist so eine Haut, die kann sich so festkleben und dieser Aken ist so, wenn sie sich festkleben, kann sie sich sehr gut dehnen auf anderen Sachen, weil sie hat so ein Muskelimpuls, der glatt und hart ist.
S: Ich hab so einen Buckel gesehen, ganz deutlich.
S: Sie sind vorne platt, sie können sich zusammenziehen. Sie haben keine Füße. Saugen die Erde auf, sie haben einen Kopf. Sie trinken nicht, sie saugen die Flüssigkeit aus der Erde auf. Jeder Regenwurm hat eine dickere Schicht am Körper. Sie wiegen ungefähr 60 Gramm.
I: Wie kommst du auf 60 Gramm?
S: Ich habe einfach geschätzt. Ich habe gedacht, dass 500 g würde eine Packung sein und ein Regenwurm kann nicht so viel wiegen. Da bin ich auf 60 g gekommen.
S: Die Würmer bewegen sich wie eine Schlange, die haben keine Füße.

S: Die Regenwürmer haben keine Füße, aber was ich gesehen habe ist, ich glaube, die fühlen Erde.

[Ich kläre zwischendurch bei Bedarf den fachlichen Hintergrund, z.B. ob Regenwürmer Augen oder Füße haben.]

S: Der Regenwurm saugt Erde auf. Er kann sich in einer anderen Farbe machen, habe ich gesehen und er braucht Erde, um zu überleben und ist lieber in der Kälte. Er bewegt sich mit Muskeln. Er kann sich länger machen und kürzer machen. Das muss er machen, um sich zu bewegen. Dass die Regenwürmer auf beiden Seiten bewegen können.
S: Wenn er sich bewegt, hat er so einen Ball am Körper.
S: Um so höher man den hält, um so tiefer will der. Der will immer auf den Boden bleiben. Und sie ziehen ihren Körper hinterher.
S: Regenwürmer bauen sich eine Behausung nicht an der Oberfläche, sondern in der Erde, weil die Behausung von denen sollte nicht im hellen sein, weil sie haben gerne das Feuchte. Und ich habe herausgefunden, dass Regenwürmer alleine jagen und dass Regenwürmer sich da hinbewegen, wo der Kopf hinzeigt. Ich habe herausgefunden, dass sie 17 cm lang sind und sie haben einen Mund, nämlich ein kleines Löchchen ganz vorn im Körper, da wo die Spitze ist, haben die ein kleines Löchchen, da ist ihr Mund. Und ich hab' auch herausgefunden, dass Regenwürmer auch manchmal die Farbe ändern können. Ich habe herausgefunden, dass Regewürmer immer Blätter sammeln sollten, sie können auch nasse Erde essen. Sie transportieren Erde durch ihren Körper und lassen sie hinten wieder raus aus dem Körper. Und manchmal verteidigen sie sich auch mit der Erde und bedecken ihren Gegner. Da hat er seinen Gegner in die Erde versenkt.
S: Den Regenwurm, den ich hatte, war 16 cm lang. Ich habe auch gesehen, dass Regenwürmer einen Mund haben und keine Füße. Und dass Regenwürmer sich vorne langziehen und dann das Hinterteil auch nach vorne.
S: Er ist ein Alleingänger. Er holt sich allein das Essen und lebt auch allein in der Wildnis.
S: Wie weiß man, wie alt der ist?

Diese und andere Impulse werden mit den Kindern besprochen und ausgewertet, denn einige Fragen lassen sich nur durch Recherche oder eine Diskussion klären, wie z.B. die Frage, ob der Regenwurm auch zu etwas gut ist.

Ein Kind sagt etwas Interessantes zum Abschluss:

S: Meine Mama hat gesagt, dass die Nacktschnecken, die wohnen hier nicht. Die wurden hier von den Menschen transportiert. Und es gibt Enten, die Nacktschnecken essen, aber die sind nicht aus unserem Land und bei uns gibt es keine Tiere, die Nacktschnecken essen, weil normalerweise gibt es keine Nacktschnecken. Und deswegen können die sich immer mehr ausbreiten und leben fast überall, die Nacktschnecken. Meine Mama hat mir gesagt, wie das heißt, aber ich habe das vergessen.

Vermutlich handelt es sich um den Begriff „Neobiota“, der an die Tafel geschrieben wird, weil es die Kinder interessiert. Einige Kinder lesen den Begriff daraufhin laut vor, einige lachen, weil sie den Begriff lustig finden.

9. Abschließendes Klassengespräch

Am Ende des Schuljahres erfolgt ein Klassengespräch genauso wie zu Beginn der ersten Klasse. Es wird gefragt, welche Vorstellungen die Kinder zum Sachunterricht haben (I = Impulsgeberin, S = Schüler:in):

S: Ich würde Sachunterricht so denken, dass man Projekte durchführt und Experimente.
S: Dass man mit anderen Kindern arbeitet und Experimente macht und guckt, ob Sachen funktionieren und wenn sie nicht funktionieren, wieder versucht.
S: Ich finde Sachunterricht so, dass wir neue Sachen lernen über die Natur.
S: Man lernt ganz viel über die Natur und über Sachen, die früher passiert sind.
S: Man lernt über Sachen, die früher passiert sind, über Sachen, die rückgängig waren, z.B. in der Steinzeit.
S: Dass man sich gegenseitig hilft, wenn man ein Problem hat und das man Mittel findet, dass man der Natur auch helfen kann und dass man in die Zeit zurück gehen kann und die gleichen Experimente ausführen kann.
S: Man kann auch forschen.
S: Man kann auch neue Sachen erfinden mit seinem Gehirn, dass man mehr Sachen erfinden kann für die Menschheit.

Dann werden die Themen und Inhalte benannt, die wir erarbeitet haben, z.B. Regeln zum Umgang mit Regenwürmern, Feuer, Regeln zu Feuer, die Steinzeit, Vulkane usw. Daneben nennen einige Kinder auch Inhalte aus Kursen aus der *Digitalen Drehtür*, an denen sie teilgenommen haben und die auch zum Sachunterricht gehören: Flughörnchen, Roboter, verschiedene Länder. Ein Kind erklärt, *es handele sich um eine Videokonferenz, wo wir über andere Sachen reden.*

Exkurs: Die Digitale Drehtür

Die *Digitale Drehtür* (Freie Hansestadt Bremen/Vernetzungsstelle Begabtenförderung Bremen o.J.) ist eine Bildungsinitiative verschiedener Landesinstitute und Akteur:innen aus der Bildung, die sich im Jahr 2020 infolge des ersten Lockdowns in der Pandemie entwickelt hat.
Das Drehtür-Modell ist ein bekanntes Prinzip innerhalb der Begabungsförderung. Renzulli & Reis (2000) beschreiben innerhalb des Schulischen Enrichment-Modells (SEM) drei Stufen, die von interessenfördernden ‘Schnupperangeboten’ bis zur Bearbeitung eigenständiger Projekte reichen (ebd., S. 367ff.; Renzulli & Reis 2001). Dabei verlassen die Schüler:innen den regulären Unterricht, um an (digitalen) Kursen und Projekten teilzunehmen, kommen aber wieder in ihre Stammklasse zurück – daher der Begriff Drehtür.

Im Sinne einer allgemeinen Begabungsförderung sind in der *Digitalen Drehtür* alle Schüler:innen eingeladen, ihre Interessen und Begabungen zu entdecken und diese nach Bedarf zu vertiefen. Es erübrigt sich, Schüler:innen für die Vertiefungskurse zu nominieren, da motivierte Schüler:innen angeregt werden, aus eigenem Antrieb an ihren Interessengebieten weiter zu arbeiten.
https://www.digitale-drehtuer.de

Ein weiteres Kind erklärt, was Projekte sind. Das hat es bei der *Digitalen Drehtür* gelernt:

S: Die Schritte, wie man zu einem vollständigen Projekt kommt: Erst erforscht man es. Dann versucht man, die Teile zusammen zu holen, dann prüft man alles durch und dann baut man es zusammen. Dann guckt man, ob alles stabil ist und dann kann das Projekt angefangen werden.

Das erste Schuljahr endet an dieser Stelle, aber der Sachunterricht wird mit weiteren Unterrichtseinheiten unter Beachtung der genannten didaktischen Prinzipien in der zweiten Klasse weitergeführt. Da es sich abzeichnete, dass der Inhalt *Weltall* großes Interesse bei den Kindern auslöste, wird der Sachunterricht nach den ersten Sommerferien damit fortgesetzt.

10. Reflexion

Ein ganzes erstes Schuljahr ist zu Ende und nicht nur die Kinder haben viel dazugelernt. Es konnte gezeigt werden, dass Kindern in der ersten Klasse sehr viel zugetraut werden kann, auch wenn sich das Lesen und Schreiben zum größten Teil erst im Laufe des ersten Schulhalbjahres oder später entwickelt. Die Kinder haben sich mit großem Interesse und unendlicher Neugier auf *die Sachen* gestürzt und haben ihre anfänglich fehlende Lese- und Schreibfähigkeit nach und nach entwickelt, um das Beobachtete in ihr weißes Forschungsheft (Blanko-Heft) zeichnen oder schreiben zu können. Niemand hat sie angehalten, das zu tun. Sie haben es einfach von selbst getan. Sie haben sich mitgeteilt, ihre Vorstellungen und ihr Wissen präsentiert, sie haben miteinander diskutiert und unterschiedliche Meinungen und Theorien gehört und sich darüber ausgetauscht.
Es war vom ersten Schultag an ein Sachunterricht, der interessenorientiert und motivationsfördernd war. Es war auch von Anfang an Unterricht, der Kommunikation nicht nur ermöglichte, sondern in dem Kommunikation explizit erwünscht war und gefördert wurde. Der erste Klassenkreis, die vielen Gespräche, die in diesem Jahr geführt wurden, waren deshalb so wertvoll, weil sich die Kinder auf verschiedenen Ebenen mitgeteilt haben: Sie hatten Raum, zu explizieren, was sie beschäftigt, was sie interessiert, was sie bewegt und welche Fragen sie haben.
Die Kinder dieser Klasse haben natürlich auch die klassischen Kulturtechniken von Anfang an erlernt. Es ist daher nicht so, dass der Lese- und Schreibunterricht erst im zweiten Schulhalbjahr begann, wie von Ilse-Lichtenstein-Rother (1969) gefordert. Auch hatten Lesen, Schreiben und Rechnen keine Nachrangstellung wie in Astrid Kaisers Konzeptionen

beschrieben. Dennoch hatte *die Sache* in dieser ersten Klasse einen besonderen Stellenwert. Gemäß Reinhoffers Forschungsergebnissen (2000) hatte Sachunterricht somit zwar keine eindeutige Vorrangstellung, jedoch zumindest eine Gleichrangstellung. Möglicherweise könnte von einer „Gleichrangstellung Plus“ gesprochen werden, weil die Sachen oftmals Ausgangspunkte darstellten und in Gestalt von Lernanlässen auch die deutsch- und mathematikdidaktischen Überlegungen inspirierten, wie die Aussagen zweier Lehrkräfte aus einer eigenen Untersuchung dies auch verdeutlichen (unveröffentlichte eigene Quelle):

„Sachunterricht hat immer Lesen und Schreiben mit dabei und man muss da auch mal was abzählen oder auch irgendwas Künstlerisches.“

„Wenn ich einen Sachunterrichtstext erlesen möchte, weil ich ein ganz großer Dinosaurierfan bin, dann weiß ich, wofür ich das Lesen auch brauche und dann finde ich, kann man auch schon viel mitlesen und schreiben, wenn ich was beschriften soll.“

Sachunterricht war in dieser ersten Klasse wichtig und zentral und erfüllte vieles, das bereits Astrid Kaiser (1992) forderte, nämlich den Abbau von Ängsten, die Reduzierung von Misserfolgen, soziales Lernen als Querschnittsaufgabe, Orientierung an unterschiedlichen Vorerfahrungen und die kommunikative Verschränkung. Dies mündete und mündet in Prinzipien für einen Sachunterricht im Anfangsunterricht, die Kaiser bereits beschrieb und die durch diese 30 Jahre später stattfindende Dokumentation deutlich untermauert wurden: Sich an den Kindern zu orientieren, in dem an Vorstellungen, an das Vorwissen, an Kinderfragen und an Interessen angeknüpft wird. Die Ermöglichung eines kommunikativen Sachunterrichts nicht nur durch Gespräche über den nächsten Stundenplan, sondern durch inhaltlich fruchtbare und weiterführende Gespräche ohne Zeitdruck. Das Ermöglichen einer Frage- und Kommunikationskultur sorgt für Raum und Partizipation. Auch wenn die vorliegenden Praxisbeispiele keine empirische Studie darstellen, so konnte doch beobachtet werden, dass die Motivation der Kinder durch Wertschätzung gesteigert werden konnte. Auch wenn Spaß nicht das zentrale Lernziel von Unterricht ist, hatten auch Freude und Fröhlichkeit ihren Platz im Unterricht.

Der Sachunterricht zeichnet sich durch Vielperspektivität und seine inhaltliche Vielfalt aus. Curricula und Lehrpläne geben zwar Hinweise darauf, welche Inhalte im Unterricht umgesetzt werden sollten, allerdings gibt es dabei reichlich Spielraum, der die Orientierung an den Interessen und an der Lebenswelt der Kinder ermöglicht. Diesen Handlungsspielraum drücken auch die folgenden Zitate von Lehrkräften in einer eigenen Untersuchung aus (unveröffentlichte eigene Quelle):

“Also, was sagt das Kerncurriculum? Was sagt der Rahmenplan? Und was sind die Interessen der Kinder? Und das bringt man dann zusammen.“

„Also, ich bin da immer nicht so, dass ich so ganz streng nach dem ... klar das Kerncurriculum ist mir bekannt und bewusst und ich versuche, das auch alles umzusetzen, aber es hat ja auch großen Spielraum.“

Eines der zentralen didaktischen Prinzipien des Sachunterrichts ist die Handlungsorientierung. Im Hinblick auf heterogene Lerngruppen, wie sie besonders auch im Anfangsunterricht zu finden sind, stellt Millers Ansatz eines offenen, handlungsorientierten Sachunterrichts mit Strukturierung eine gute Möglichkeit dar, allen Kindern gerecht zu werden und sie in ihren Lernprozessen zu unterstützen. Eine methodische Vielfalt ist dabei wichtig und überaus wertvoll (vgl. ebd. 2007).

Entlang des ökopsychologischen Modells von Bronfenbrenner (1981) kann verdeutlicht werden, dass alles im System Auswirkung auf die Entwicklung des Kindes hat. Dabei wirken sowohl das Umfeld des Kindes als auch kognitive und nicht-kognitive Persönlichkeitsmerkmale ein. Einbußen in Selbstwirksamkeitserwartungen und im Selbstwertgefühl sowie das Erleben von Stress können Auswirkungen auf den Entwicklungsprozess des Kindes haben. Die Institution Schule spielt hier eine große Rolle und bestätigt das, was auch Astrid Kaiser in ihren Ansätzen forderte: ein Sachunterricht, der jedes Kind inkludiert und wertschätzt, vielfältige Perspektiven auf Phänomene bereithält, Partizipation ermöglicht und der motiviert, mit anderen gemeinsam zu denken. Dazu möchte dieser Band beitragen.

Literatur

Adamina, M. (2008): Vorstellungen von Schülerinnen und Schülern zu raum-, zeit- und geschichtsbezogenen Themen. Eine explorative Studie in Klassen des 1., 3., 5. und 7. Schuljahres im Kanton Bern. Inaugural-Dissertation. Münster.

Adamina, M., Kübler, M., Kalcsics, K., Bietenhard, S. & Engeli, E. (2018) (Hrsg.): „Wie ich mir das denke und vorstelle...". Vorstellungen von Schülerinnen und Schülern zu Lerngegenständen des Sachunterrichts und des Fachbereichs Natur, Mensch, Gesellschaft. Bad Heilbrunn: Klinkhardt.

Aebli, H. (1993): Denken: Das Ordnen des Tuns. Band I: Kognitive Aspekte der Handlungstheorie. Stuttgart: Klett-Cotta.

Alt, K. (2017). Mit Kindern Bilderbuchwelten vielfältig entdecken. Basiswissen & Praxisideen. Weinheim: Programm Beltz Nikolo.

Alt, K. & Michalik, K. (2021): Sprachhandeln von Kindern beim Philosophieren – Ungewissheit als Medium für komplexes Denken und Sprechen im Sachunterricht. In: Franz, U., Giest, H., Haltenberger, M., Hartinger, A., Kantreiter, J. & Michalik, K. (Hrsg.): Sache und Sprache. Bad Heilbrunn: Klinkhardt, S. 81-88.

Arnold, R. (2003): Konstruktivismus und Erwachsenenbildung, Literatur- und Forschungsreport Weiterbildung (3), Gehirn und Lernen, S. 51-61. https://www.die-bonn.de/id/1823/about/html
(Zugriff zuletzt am 12.12.2023)

Bandura, A. (1997): Self-Efficacy. The Exercise of Control. New York: Freemann.

Baumert, J. & Kunter, M. (2011): Das Kompetenzmodell von COAKTIV. In: Kunter, M., Baumert, J., Blum, W., Klusmann, U., Krauss, S. & Neubrand, M. (Hrsg.): Professionelle Kompetenz von Lehrkräften. Ergebnisse des Forschungsprogramms COACTIV. Münster: Waxmann, S. 29-53.

Baumert, J., Stanat, P., Demmrich, A. (2001): PISA 2000: Untersuchungsgegenstand, theoretische Grundlagen und Durchführung der Studie. In: Baumert, J. et al.: PISA 2000. VS Verlag für Sozialwissenschaften. https://doi.org/10.1007/978-3-322-83412-6_3

Baumgardt, I. (2022): Kinderzeichnungen als Analyseinstrument von Lernvoraussetzungen im Sachunterricht. In: Kekeritz, M. & Kubandt, M. (Hrsg.): Kinderzeichnungen in der qualitativen Forschung. Herangehensweisen, Grenzen, Potenziale. Wiesbaden: Springer VS, S. 309-330.

Bayerische Staatsbibliothek (2022): Digitale Bibliothek des Münchener Digitalisierungszentrums: Comenius, Johann Amos: Orbis sensualium pictus.
https://www.digitale-sammlungen.de/de/view/bsb11281068?page=31
(Zugriff zuletzt am 12.12.2023)

Becher, A., Miller, S., Oldenburg, I., Pech, D. & Schomacker, C. (2013a) (Hrsg.): Kommunikativer Sachunterricht. Facetten der Entwicklung. Baltmannsweiler: Schneider Hohengehren.

Becher, A. (2013b): Mit Kindern über Holocaust und Nationalsozialismus sprechen – Perspektiven für kommunikativen Sachunterricht. In: Becher, A., Miller, S., Oldenburg, I., Pech, D. & Schomacker, C. (Hrsg.): Kommunikativer Sachunterricht. Facetten der Entwicklung. Baltmannsweiler: Schneider Hohengehren, S. 39-54.

Becker, N. (2006): Die neurowissenschaftliche Herausforderung der Pädagogik. Bad Heilbrunn: Klinkhardt.

Becker, N. (2014): Mehr verstehen, besser handeln? Zum Verhältnis von Pädagogik und Neurowissenschaften. In: Fatke, R. & Oelkers, J. (Hrsg.): Das Selbstverständnis der Erziehungswissenschaft: Geschichte und Gegenwart. Weinheim: Beltz, S.208-225.
DOI: 10.25656/01:9095

Beisenkamp, A., Müthing, K., Hallmann, S., & Klöckner, C. A. (2012): Elefanten-Kindergesundheitsstudie 2011/2012. Zur Situation der Kindergesundheit in Deutschland
http://mb.cision.com/Public/3295/9337091/939cc288af986d17.pdf
(Zugriff zuletzt am 12.12.2023)

Biester, W. (1991): Zeichnen als Hilfe zum Verstehen im Sachunterricht der Grundschule. In: Lauterbach, R., Köhnlein, W., Spreckelsen, K. & Bauer, H. F. (Hrsg.): Wie Kinder erkennen. Vorträge des Arbeitstreffens zum Naturwissenschaftlich-Technischen Sachunterricht am 26. und 27. März 1990 in Nürnberg. Kiel: IPN, S. 82-97.

Bietenhader, S. & Kübler, M. (2012): Historisches Denken von 4- bis 10-jährigen Kindern – Ergebnisse einer Pilotstudie. In: Giest, H., Heran-Dörr, E. & Archie, C. (Hrsg.): Lernen und Lehren im Sachunterricht. Zum Verhältnis von Konstruktion und Instruktion. Bad Heilbrunn: Klinkhardt, S. 151-157.

Boegner, V. & Miller, S. (2008): Kinderfragen als Ausgangspunkt des Sachunterrichts. Bausteine für eine theoretische Fundierung. In: Giest, H. & Wiesemann, J. (Hrsg.): Kind und Wissenschaft. Bad Heilbrunn: Klinkhardt, S. 145-157.

Böhme, G. (2000): Strömungsmechanik nichtnewtonscher Fluide. Leipzig: Teubner.

Bronfenbrenner, U. (1981): Die Ökologie der menschlichen Entwicklung. Stuttgart: Klett.

Brendel, E. (2018): Was können wir von der Welt wissen. In: Könneker, C. (Hrsg.): Fake oder Fakt. Wissenschaft, Wahrheit und Vertrauen. Heidelberg: Spektrum der Wissenschaft, S. 53-64. https://doi.org/10.1007/978-3-662-56316-8

Brown, E., Forman N.A., Orellana, C.S., Zhang, H., Maynor, B.W., Betts, D.E., DeSimone, J.M. & Jaeger, H.M. (2010): Generality of shear thickening in dense suspensions. Nature Materials Letters, Vol. 9, S. 220-224.

Brülls, S. (2004): Gesamtunterricht nach Berthold Otto (1859-1933). In: Kaiser, A. & Pech, D. (Hrsg.): Geschichte und Konzeptionen des Sachunterrichts. Band 1. Baltmannsweiler: Schneider Hohengehren, S. 106-109.

Brüning, B. (2010): Philosophieren in der Grundschule. Berlin: Cornelsen.

Bruner, J. S. (1970): Der Prozeß der Erziehung. Berlin: Berlin-Verlag.

Bruner, J. S. (1974): Entwurf einer Unterrichtstheorie. Berlin: Berlin-Verlag.

Bruner, J. S. (1980): Under five in Britain. Oxford Preschool Research Project (Vol. 1). Ypsilanti, MI: High/Scope Press.

Buch, W. (1986): Der Regenwurm im Garten. Stuttgart: Ulmer.

Carle, U. (2004): Zur Bedeutung von Bildungsübergängen für die kindliche Persönlichkeitsentwicklung – transdisziplinäre Überlegungen. In: Denner, L. & Schumacher, E. (Hrsg.): Übergänge im Elementar- und Primarbereich reflektieren und gestalten. Beiträge zu einer grundlegenden Bildung. Bad Heilbrunn: Klinkhardt, S. 30-51.

Carle, U. (2008): Anfangsunterricht (AU). In: Kaiser, A. (Hrsg.): Lexikon Sachunterricht. 4. unveränderte Auflage. Baltmannsweiler: Schneider Hohengehren, S. 6-7.

Carle, U. & Samuel, A. (2008): Frühes Lernen – Kindergarten und Grundschule kooperieren. Baltmannsweiler: Schneider Hohengehren.

Csikszentmihályi, M. (2000): Das Flow-Erlebnis. Stuttgart: Klett-Cotta.

Däschler-Seiler, S. (2004): Übergänge: Zur Kontinuität und Diskontinuität im Erziehungsprozess unter anthropologischen Gesichtspunkten. In: Denner, L. & Schumacher, E. (Hrsg.): Übergänge im Elementar- und Primarbereich reflektieren und gestalten. Beiträge zu einer grundlegenden Bildung. Bad Heilbrunn: Klinkhardt, S. 15-29.

Deci, E. L. & Ryan, R. M. (1985): Intrinsic Motivation and Self-determination in Human Behaviour. New York: Springer.

Deci, E. L. & Ryan, R. M. (2000): The „What“ and „Why“ of Goal Persuits: Human Needs and the Self-determination of Behaviour. In: Psychological Inquiry (11), S. 227–268.

Delfos, M.F. (2015): „Sag‘ mir mal …“. Gesprächsführung mit Kindern. Weinheim/Basel: Beltz, S. 87.

Denner, L. & Schumacher, E. (2014): Übergänge in Schule und Lehrerbildung. Theorie – Übergangsdidaktik – Praxis. Stuttgart: Kohlhammer.

Diaz Fleming, G. & Kaiser, A. (2006): Lehrende – zwischen Pädagogik und Intuition. Interview mit Guillermo Diaz Fleming, Landschullehrer in Chile von 1958-1965. In: Pfeiffer, S. (Hrsg.): Neue Wege im Sachunterricht. Oldenburg: DIZ 2006, 177-188.

Dickmann, J.-A. (2024): Pompeji. Archäologie und Geschichte. München: C.H. Beck.

Dienemann, X. (2011): Übergänge inklusiv gestalten. In: Giest, H., Kaiser, A. & Schomaker, C (Hrsg.): Sachunterricht – auf dem Weg zur Inklusion. Bad Heilbrunn: Klinkhardt, S. 115-122.

Die Senatorin für Kinder und Bildung/ Freie Hansestadt Bremen (2018): Pädagogische Leitideen zum Bildungsplan für Kinder im Alter von 0-10 Jahren.
https://www.bildung.bremen.de/bildungsplan-0-bis-10-164724
(Zugriff zuletzt am 12.12.2023)

Doronzo, D. M., Di Vito, M. A., Arienzo, I., Bini, M., Calusi, B., Cerminara, M., Corradini, S., de Vita, S., Giaccio, B., L Gurioli, L., Mannell, G., Ricciardi, G. P., Rucco, I., Sparice, D., Todesco, M., Trasatti, E., Zanchetta, G. (2022): The 79 CE eruption of Vesuvius: A lesson from the past and the need of a multidisciplinary approach for developments in volcanology. Earth-Science Reviews 231, S. 1-29.
https://doi.org/10.1016/j.earscirev.2022.104072

Duncker, L. (2005): Vom Ursprung des Philosophierens. Kinderfragen in anthropologischer Sicht. In: Duncker, L. & Nießeler, A. (Hrsg.): Philosophieren im Sachunterricht. Imagination und Denken im Grundschulalter. Münster: Lit Verlag, S. 13-28.

Edelstein, W., Bendig, R. & Enderlein, O. (2011): Schule: Kindeswohl, Kinderrechte, Kinderschutz. In: Fischer, J., Buchholz, T. & Merten, R. (Hrsg.): Kinderschutz in gemeinsamer Verantwortung von Jugendhilfe und Schule. Wiesbaden: VS Verlag, S. 117-140.

Ehlers, J. (2011): Das Eiszeitalter. Heidelberg: Spektrum.

Ehm, J.-H., Duzy, D. & Hasselhorn, M. (2011): Das akademische Selbstkonzept bei Schulanfängern. Spielen Geschlecht und Migrationshintergrund eine Rolle? Frühe Bildung. Göttingen: Hogrefe, S. 37-45.
DOI: 10.1026/2191-9186/a000008

Elschenbroich, D. (2005): Weltwunder. Kinder als Naturforscher. München: Kunstmann.

Faust, G. & Roßbach, H.-G. (2004): Der Übergang vom Kindergarten in die Grundschule. In: Denner, L. & Schumacher, E. (Hrsg.): Übergänge im Elementar- und Primarbereich reflektieren und gestalten. Beiträge zu einer grundlegenden Bildung. Bad Heilbrunn: Klinkhardt, S. 91-105.

Feige, B. (2007): Vom Gesamtunterricht als Anfangsunterricht zum modernen Sachunterricht. In: Gläser, E. (Hrsg.): Sachunterricht im Anfangsunterricht. Lernen im Anschluss an den Kindergarten. Baltmannsweiler: Schneider Hohengehren, S. 31-46.

Fthenakis, W.E., Wendell, A., Eitel, A., Daut, M., Schmitt, A. (2009): Natur-Wissen-schaffen – Band 3. Frühe naturwissenschaftliche Bildung. Troisdorf: Bildungsverlag EINS.

Freie Hansestadt Bremen/Landesinstitut für Schule (o.J.): Soziales Lernen. (Zugriff zuletzt am 12.12.2023)

Freie Hansestadt Bremen/Vernetzungsstelle Begabtenförderung Bremen (VBB)/Landesinstitut für Schule (o. J.): Digitale Drehtür.
https://www.digitale-drehtuer.de
(Zugriff zuletzt am 12.12.2023)

Gadow, A. (2016): Bildungssprache im naturwissenschaftlichen Sachunterricht. Beschreiben und Erklären von Kindern mit deutscher und anderer Familiensprache. Münster: Erich Schmidt Verlag.

Gagné, F. (2008): Building gifts into talents: Brief Overview of the DGMT 2.0.
https://www.eurotalent.org/Gagne_DMGT_Model.pdf
(Zugriff zuletzt am 12.12.2023).

Geene, R., Borkowski, S. (2009): Neue Wege in der Elementarpädagogik und die spezielle Problematik im Übergang Kindertagesstätte – Grundschule. In: Wenzel, D., Koeppel, G. & Carle, U. (Hrsg.): Kooperation im Elementarbereich. Eine gemeinsame Ausbildung für Kindergarten und Grundschule. Baltmannsweiler: Schneider Hohengehren, S. 156–166.

Georg-August-Universität Göttingen (o.J.): Zauberhafte Physik. Nicht-Newton'sche Flüssigkeit.
https://www.youtube.com/watch?v=SWP6BzEBtu0
(Zugriff zuletzt am 11.12.23).

Gerber, M. & Schilling, M. (2018): Stress als Risikofaktor für körperliche und psychische Gesundheitsbeeinträchtigungen. In: Fuchs, R. & Gerber, M. (Hrsg.): Handbuch Stressregulation und Sport. Berlin: Springer VS, S. 93-122.

Gesellschaft für Didaktik des Sachunterrichts (Hrsg.) (2013): Perspektivrahmen Sachunterricht. Bad Heilbrunn: Klinkhardt.

Giest, H. (2015): Methodisches Erschließen. In: Kahlert, J., Fölling-Albers, M., Götz, M., Hartinger, A., Miller, S. & Wittkowske, S. (Hrsg.): Handbuch Didaktik des Sachunterrichts. 2. Auflage. Bad Heilbrunn: Julius Klinkhardt, S.S. 97-101.

Gläser, E. (2007): Vernachlässigt oder im Mittelpunkt? Konzeptionelle Ansichten und Ausblicke zum Sachunterricht im Anfangsunterricht. In: Gläser, E. (Hrsg.): Sachunterricht im Anfangsunterricht. Lernen im Anschluss an den Kindergarten. Baltmannsweiler: Schneider Hohengehren, S. 47-62.

Gläser, E. (2009): Einstellungen Lehrender zum Sachunterricht im Anfangsunterricht. In: Lauterbach, R., Giest, H. & Marquardt-Mau, B. (Hrsg.): Lernen und kindliche Entwicklung. Elementarbildung und Sachunterricht. Bad Heilbrunn: Klinkhardt, S. 141-148.

Gläser, E. (2014): Kinderzeichnungen in Forschung und Unterricht – Möglichkeiten und Grenzen ihrer Interpretation. In: Fischer, H.-J., Giest, H. & Peschel, M. (Hrsg.): Lernsituationen und Aufgabenkultur im Sachunterricht. Bald Heilbrunn: Klinkhardt, S. 107-114.

Gogolin, I & Lange, I. (2011): Bildungssprache und durchgängige Sprachbildung. In: Fürstenau, S. & Gomolla, M. (Hrsg.): Migration und schulischer Wandel: Mehrsprachigkeit. Wiesbaden: Verlag für Sozialwissenschaften, S. 107-127.

Graff, T. (2007): Methodenkompetenz im Anfangsunterricht des Sachunterrichts. In: Gläser, E. (Hrsg.): Sachunterricht im Anfangsunterricht. Lernen im Anschluss an den Kindergarten. Baltmannsweiler: Schneider Hohengehren, S. 222-233.

Graumann, O. (2002): Gemeinsamer Unterricht in heterogenen Lerngruppen. Von lernbehindert bis hochbegabt. Bad Heilbrunn: Klinkhardt.

Grotzinger, J., Jordan, T., Press, F. & Siever, R. (2011): Allgemeine Geologie. Heidelberg: Springer.

Gudjons, H. (2014): Handlungsorientiert lehren und lernen. Schüleraktivierung – Selbsttätigkeit – Projektarbeit. 8. aktualisierte Auflage. Bad Heilbrunn: Klinkhardt.

Gudjons, H. & Traub, S. (2016): Pädagogisches Grundwissen. 12. Auflage. Bad Heilbrunn: Klinkhardt.

Hartinger, A. (1997): Interessenförderung. Eine Studie zum Sachunterricht. Bad Heilbrunn: Klinkhardt.

Hartinger, A. & Fölling-Albers, M. (2002): Schüler motivieren und interessieren. Ergebnisse aus der Forschung, Anregungen für die Praxis. Bad Heilbrunn: Klinkhardt.

Hattie, J. (2013): Lernen sichtbar machen. Überarbeitete deutschsprachige Ausgabe von W. Beywl, & K. Zierer. Baltmannsweiler: Schneider Hohengehren.

Hauenschild, K. & Wulfmeyer, M. (2001): Umweltwahrnehmung von Kindern aus konstruktivistischer Perspektive. In: Gärtner, H. & Hellberg-Rode, G. (Hrsg.): Umweltbildung und nachhaltige Entwicklung. Baltmannsweiler: Schneider Hohengehren, S. 149–165.

Heinzel, F. (2008) Umgang mit Heterogenität in der Grundschule. In: Ramseger, M. & Wagener, M. (Hrsg.): Chancenungleichheit in der Grundschule. Ursachen und Wege aus der Krise. Wiesbaden: VS Verlag für Sozialwissenschaften, S. 133-138.

Hering, J. (2018): Krieg und Frieden im Bilderbuch. In: Wulfmeyer, M. & Baar, R. (Hrsg.): Krieg und Frieden. Die Grundschulzeitschrift. Nr. 311, S. 39-44.

Hickman, C. P., Roberts, L. S., Larson, A., l'Anson, H. & Eisenhour, D. J. (2008): Zoologie. München: Pearson.

Hollstein, G. & Sonnenmoser, M. (2006): Werkstatt Bilderbuch. Allgemeine Grundlagen, Vorschläge und Materialien für den Unterricht der Grundschule. 2. aktualisierte Auflage. Baltmannsweiler: Schneider Hohengehren.

Hoffmann, E. (2012): Lexikon der Steinzeit. Books on Demand.

Hollerweger, E. (2020): Klimaanpassung durch Plastikmüll? Mit Kindern in Zukunftswelten eintauchen. In: Wulfmeyer, M. (Hrsg.): Bildung für nachhaltige Entwicklung im Sachunterricht. Grundlagen und Praxisbeispiele. Baltmannsweiler: Schneider Hohengehren, S. 93-103.

Huber, A. (1989): Erstsachunterricht in der Schule für Lernbehinderte als grundlegende Lern- und Entwicklungshilfe. Frankfurt a.M.: Peter Lang.

Jebautzke, K. (2019): Die Steinzeit entdecken. Persen Verlag.

Junker, T. (2021): Die Evolution des Menschen. 4. Auflage. München: C.H. Beck

Kahler, M. (2012) (Hrsg.): Peschel, F. & Pfeiffer, B. (2012): Selbstorganisiertes Lernen als Arbeitsform in der Grundschule. Band 1. Norderstedt: Books on Demand.

Kahlert, J. (2005): Der Sachunterricht und seine Didaktik. Bad Heilbrunn: Klinkhardt.

Kaiser, A. (1992): Mit den Sachen beginnen. Ein Plädoyer für handlungsorientierten Anfangsunterricht. In: Schlömerkemper, J. (Hrsg.): Die Deutsche Schule. Zeitschrift für Erziehungswissenschaft, Bildungspolitik und pädagogische Praxis. 2. Beiheft, S. 62-70.

Kaiser, A. (2004a): Einführung in die Didaktik des Sachunterrichts. Baltmannsweiler: Schneider Hohengehren.

Kaiser, A. (2004b): Kommunikativer Sachunterricht. In: Kaiser, A. & Pech, D. (Hrsg.): Neuere Konzeptionen und Zielsetzungen im Sachunterricht. Band 2. Baltmannsweiler: Schneider Hohengehren, S. 48-57.

Kaiser, A. (2008a): Schulstart Sachunterricht. In: Topsch, W. & Moschner, B. (Hrsg.) Schulstart. Didaktische Perspektiven für das erste Schuljahr. Bad Heilbrunn: Klinkhardt, S. 148-166.

Kaiser, A. (2008b): Methoden im Sachunterricht. Kaiser, A. (Hrsg.): Lexikon Sachunterricht. Baltmannsweiler: Schneider Hohengehren, S. 135-136.

Kaiser, A. (2008c): Zeichnen/Zeichnung im Sachunterricht. In: Lexikon Sachunterricht. Baltmannsweiler: Schneider Hohengehren, S. 239.

Kaiser, A. (2013): Kommunikativer Sachunterricht. In: Becher, A., Miller, S., Oldenburg, I., Pech, D. & Schomaker, C. (Hrsg.): Kommunikativer Sachunterricht. Facetten der Entwicklung. Baltmannsweiler: Schneider Hohengehren, S. 13-25.

Kaiser, A. (2019): Neue Einführung in die Didaktik des Sachunterrichts. Baltmannsweiler: Schneider Hohengehren.

Kaiser, A. & Dreber, I. (2010): Empirische Effizienzüberprüfung eines Kindergartenprojekts zum elementaren naturwissenschaftlich-technischen Lernen. In: Fischer, H.-J., Gansen, P., & Michalik, K. (Hrsg.): Sachunterricht und frühe Bildung. Bad Heilbrunn: Klinkhardt, S. 81-92.

Kaiser, A. & Lüschen, I. (2014): Miteinander lernen. Frühe politisch-soziale Bildungsprozesse. Eine empirische Untersuchung zum Sachlernen im Rahmen von Peer-Education zwischen Grundschule und Kindergarten. Baltmannsweiler: Schneider Hohengehren.

Kaiser, A. & Miller, S. (2009): Die Sache als Brücke zwischen Elementar- und Primarbereich. In: Lauterbach, R., Giest, H. & Marquardt-Mau, B. (Hrsg.): Lernen und kindliche Entwicklung. Elementarbildung und Sachunterricht. Bad Heilbrunn: Klinkhardt, S. 77-84.

Kaiser, A. & Pech, D. (2004) (Hrsg.): Geschichte und Konzeptionen des Sachunterrichts. Band 1. Baltmannsweiler: Schneider Hohengehren.

Kaiser, A. & Röhner, C. (2009): Sachunterricht. Kompetent im Unterricht der Grundschule. Band 2. Baltmannsweiler: Schneider Hohengehren.

Kaiser, A. & Seitz, S. (2017): Inklusiver Sachunterricht. Theorie und Praxis. Basiswissen Grundschule. Band 37. Baltmannsweiler: Schneider Hohengehren.

Kayer, R. (o.J.): Übers Wasser(-Stärke-Gemisch) gehen … https://www.pro-physik.de/nachrichten/uebers-wasser-staerke-gemisch-gehen
(Zugriff zuletzt am 11.12.2023)

Katzenberger, L. F. (1974): Sachunterricht. In: Rabenstein, R. (Hrsg.): Erstunterricht. Bad Heilbrunn: Klinkhardt.

Keller, G. & Hafner, K. (2003): Soziales Lernen will gelernt werden. Lehrer fördern Sozialverhalten. Donauwörth: Auer.

Klecha, A. (2009): Feuer im Sachunterricht der Grundschule. Baltmannsweiler: Schneider Hohengehren.

Klusmann, U. (2011): Individuelle Voraussetzungen von Lehrkräften. In: Kunter, M., Baumert, J., Blum, W., Klusmann, U., Krauss, S. & Neubrand, M. (Hrsg.): Professionelle Kompetenz von Lehrkräften. Ergebnisse des Forschungsprogramms COACTIV. Münster: Waxmann, S. 297-304.

Knörzer, W., Grass, K. & Schumacher, E. (2000): Den Anfang der Schulzeit pädagogisch gestalten. Studien- und Arbeitsbuch für den Anfangsunterricht. 6. Auflage. Weinheim: Beltz.

Koch, T., Kümin, B. & Schröter, S. (2021): Philosophieren von Kindern und Bildungssprache. In: Franz, U., Giest, H., Haltenberger, M., Hartinger, A., Kantreiter, J. & Michalik, K. (Hrsg.): Sache und Sprache. Bad Heilbrunn: Klinkhardt, S. 89-97.

Koerber, S. & Sodian, B. (2007): Kognitive Entwicklung und Anfangsunterricht. In: Gläser, E. (Hrsg.): Sachunterricht im Anfangsunterricht. Lernen im Anschluss an den Kindergarten. Baltmannsweiler: Schneider Hohengehren, S. 63-78.

Köster, H. (2008): Physik in Kindertagesstätten – Grenzen und Möglichkeiten. In: Hellmich, F. & Köster, H. (2008): Vorschulische Bildungsprozesse in Mathematik und Naturwissenschaften. Bad Heilbrunn: Klinkhardt, S. 195-209.

Kübler, M. (2015): Entwicklung von Zeit- und Geschichtsbewusstsein. In: In: Kahlert, J., Fölling-Albers, M., Götz, M., Hartinger, A., Miller, S. & Wittkowske, S. (Hrsg.): Handbuch Didaktik des Sachunterrichts. 2. Auflage. Bad Heilbrunn: Julius Klinkhardt, S. 335-340.

Krapp, A. (1999): Intrinsische Lernmotivation und Interesse. Forschungsansätze und konzeptuelle Überlegungen. In: Zeitschrift für Pädagogik 45 (3), S. 387-406.

Krapp, A. (2010): Interesse. In: Rost, D. H. (Hrsg.): Handwörterbuch Pädagogische Psychologie. Weinheim / Basel: Beltz, S. 311-323.

Kunter, M. & Pohlmann, S. (2009): Lehrer. In: Wild, E. & Möller, J. (Hrsg.): Pädagogische Psychologie. Heidelberg: Springer, S. 262-282.

Kunsthistorisches Museum Wien, Antikensammlung (o.J.): Spielende Kinder (Nussspiel). https://www.khm.at/objektdb/detail/50165/
(Zugriff zuletzt am 12.12.2023)

Lange, D. & Kaiser, A. (2004): Frühe Konzepte der Politischen Bildung im Sachunterricht (ab 1970). In: Kaiser, A. & Pech, D. (2004) (Hrsg.): Geschichte und Konzeptionen des Sachunterrichts. Band 1. Baltmannsweiler: Schneider Hohengehren, S. 166-169.

Lange, K. (2015): Professionelle Kompetenzen von Lehrkräften im Sachunterricht. In: Kahlert, J., Fölling-Albers, M., Götz, M., Hartinger, A., Miller, S. & Wittkowske, S. (Hrsg.): Handbuch Didaktik des Sachunterrichts. 2. Auflage. Bad Heilbrunn: Julius Klinkhardt, S. 82-87.

Lange-Schubert, K. & Seidler, M. (2022): Auf der Suche nach inklusivem Professionswissen für den Sachunterricht – ein integratives Modell als Beitrag zur aktuellen Diskussion. In: Pech, D., Schomaker, C. & Simon, T. (Hrsg.): Auf die Lehrkraft kommt es an? Professionalisierung von Lehrkräften für inklusiven Sachunterricht. www.widerstreit-sachunterricht.de, 13. Beiheft, S. 13-36.

Leuchter, M., Naber, B., Plöger, I. & Stipp, J. (2014): Gestaltung von naturwissenschaftlich-technischen Lernsituationen im Übergang vom Kindergarten zur Grundschule. In: Fischer, H.-J., Giest, H. & Peschel, M. (Hrsg.): Lernsituationen und Aufgabenkultur im Sachunterricht. Bad Heilbrunn: Klinkhardt, S. 115-122.

Lichtenstein-Rother, I. (1969): Schulanfang. Pädagogik und Didaktik der ersten beiden Schuljahre. Frankfurt am Main: Moritz Diesterweg.

Lohaus, A. (2018): Stressmanagementtrainings für Kinder und Jugendliche. In: Fuchs, R. & Gerber, M. (Hrsg.): Handbuch Stressregulation und Sport. Berlin: Springer VS S. 163-178.

Lück, G. (2003): Handbuch der naturwissenschaftlichen Grundbildung. Theorie und Praxis für die Arbeit in Kindertageseinrichtungen. Freiburg im Breisgau: Heider.

Lück, G. & Risch, B. (2007): Naturwissenschaftlicher Unterricht im Anfangsunterricht. In: Gläser, E. (Hrsg.): Sachunterricht im

Anfangsunterricht. Lernen im Anschluss an den Kindergarten. Baltmannsweiler: Schneider Hohengehren, S. 80-94.

Lundberg, U. & Frankenhäuser, M. (1980): Pituitary-adrenal and sympathetic-adrenal correlates of distress and effort. J. Psychosom. Res. 24, S. 125-130.

Martschinke, S. (2009): Anfangsunterricht in der Grundschule. In: Arnold, K.-H.; Sandfuchs, U. & Wiechmann, J. (Hrsg.): Handbuch Unterricht. 2., aktualisierte Auflage. Bad Heilbrunn: Julius Klinkhardt, S. 400-406.

Meaney, M.J., Bhatnagar, S., Larocque, S., McCormick, C., Shanks, N., Sharma, S., Smythe, J., Viau, V. & Plotsky, P.M. (1993): Individual differences in the hypothalamic-pituitary-adrenal stress response and the hypothalamic CRF system. Ann NY Acad Sci, 697, S. 70-85.

Meiers, K. (1997): Sachunterricht im Anfangsunterricht. In: Meier, R., Unglaube, H. und Faust-Siehl, G. (Hrsg.): Sachunterricht in der Grundschule. Hemsbach: Beltz.

Meiers, K. (2004): Mehrperspektivischer Unterricht. In: Kaiser, A. & Pech, D. (Hrsg.): Geschichte und Konzeptionen des Sachunterrichts. Band 1. Baltmannsweiler: Schneider Hohengehren, S. 175-178.

Mennen, P. (2001): Wieso? Weshalb? Warum? Ich komme in die Schule. Ravensburg: Ravensburger.

Merzbacher, G. (1983): Erstsachunterricht. In: Baier, H. & Bleidick, U. (Hrsg.): Handbuch der Lernbehindertendidaktik. Stuttgart: Kohlhammer, S. 141-149.

Meyer, H. (2013): Unterrichtsmethoden I. Theorieband. Berlin: Cornelsen Scriptor.

Michalik (2007): Arbeit mit historischen Quellen. In: Von Reeken, D. (Hrsg.): Handbuch Methoden im Sachunterricht. Schorndorf: Schneider Hohengehren, S. 223-231.

Michalik, K. (2010): Didaktische Konzepte für die naturwissenschaftliche Grundbildung von Kindern im Elementarbereich. In: Fischer, H.-J., Gansen, P., & Michalik, K. (Hrsg.): Sachunterricht und frühe Bildung. Bad Heilbrunn: Klinkhardt, S. 93-107.

Michalik, K. (2015a): Philosophieren mit Kindern. Sinnkonstitution im Gespräch. In: Gebhardt, U. (Hrsg.): Sinn im Dialog. Zur Möglichkeit sinnkonstituierender Lernprozesse im Fachunterricht. Wiesbaden: Springer.

Michalik, K. (2015b): Philosophische Gespräche mit Kindern als Medium für Bildungsprozesse im Sachunterricht. In: Fischer, H. J., Giest, H. & Michalik, K. (Hrsg.): Bildung im und durch Sachunterricht. Bad Heilbrunn: Klinkhardt, S. 175-188.

Miller, S. (2007): Unterrichtskonzeptionen zwischen Offenheit und Strukturiertheit. Orientierungen für den Sachunterricht im Anfangsunterricht. In: Gläser, E. (Hrsg.): Sachunterricht im Anfangsunterricht. Lernen im Anschluss an den Kindergarten. Baltmannsweiler: Schneider Hohengehren, S. 194-205.

Miller, S. & Brinkmann, V. (2011): Von Schülerfragen ausgehen und mit heterogenen Lernvoraussetzungen umgehen in einem Sachunterricht für alle Kinder. In: Giest, H., Kaiser, A. & Schomaker, C. (Hrsg.): Sachunterricht auf dem Weg zur Inklusion. Bad Heilbrunn: Klinkhardt, S. 67-77.

Ministerium für Kinder, Familie, Flüchtlinge und Integration des Landes Nordrhein-Westfalen/ Ministerium für Schule und Bildung des Landes Nordrhein-Westfalen (2018): Bildungsgrundsätze für Kinder von 0-10 Jahre in Kindertagesbetreuung und Schulen im Primarbereich in Nordrhein-Westfalen. Freiburg im Breisgau: Herder.

Mitzlaff, H. (2004a): Elementarunterricht zwischen geografischer Propädeutik und Kindorientierung – F.A. Fingers (1808-1888) Weinheimer „Heimathskunde" von 1844. In: Kaiser, A. & Pech, D. (Hrsg.): Geschichte und Konzeptionen des Sachunterrichts. Band 1. Baltmannsweiler: Schneider Hohengehren, S. 85-89.

Mitzlaff, H. (2004b): Die erste „Heimathskunde" von Chr. Wilhelm Harnisch (1787-1864) aus dem Jahre 1816. In: Kaiser, A. & Pech, D. (Hrsg.): Geschichte und Konzeptionen des Sachunterrichts. Band 1. Baltmannsweiler: Schneider Hohengehren, S. 73-80.

Möller, K. (2006): Naturwissenschaftliches Lernen – eine (neue) Herausforderung für den Sachunterricht? In: Hanke, P. (Hrsg.): Grundschule in Entwicklung. Herausforderungen und Perspektiven für die Grundschule heute. Münster: Waxmann, S. 107-127.

Möller, K. (2015): Handlungsorientierung im Sachunterricht. In: Kahlert, J., Fölling-Albers, M., Götz, M., Hartinger, A., Miller, S. & Wittkowske, S. (Hrsg.): Handbuch Didaktik des Sachunterrichts. 2. Auflage. Bad Heilbrunn: Julius Klinkhardt, S. 403-407.

Möller, K. (2018): Die Bedeutung für Schülervorstellungen für das Lernen im Sachunterricht. In: Adamina, M., Kübler, M., Kalcsics, K., Bietenhard, S. & Engeli, E. (Hrsg.): „Wie ich mir das denke und vorstelle...". Vorstellungen von Schülerinnen und Schülern zu Lerngegenständen des Sachunterrichts und des Fachbereichs Natur, Mensch, Gesellschaft. Bad Heilbrunn: Klinkhardt, S. 35-50.

Nickel, H & Schmidt-Denter, U. (1995): Vom Kleinkind zum Schulkind. München: Ernst Reinhardt.

Niehaus-Siemon, E. (2008): Reformpädagogik. In: Lexikon Sachunterricht. Baltmannsweiler: Schneider Hohengehren, S. 170.

Osborne, M. P. (2002): Das magische Baumhaus. Im Schatten des Vulkans. Bindlach: Loewe.

Pädagogische Hochschule FHNW (o.J.): Projekt: Lehren und Lernen sichtbar machen.
https://web.fhnw.ch/plattformen/hattie-wiki/begriffe/Wiki
(Zugriff zuletzt am 08.12.2023)

Pape, M. (2008): Entwicklung von Geschichtsbewusstsein im Hinblick auf die unterrichtspraktische Gestaltung historischer Themen im Sachunterricht, veröffentlichte Dissertation, Leibniz Universität Hannover.

Pech, D. & Kaiser, A. (2004): Problem und Welt. Ein Bildungsverständnis und seine Bedeutung für den Sachunterricht. In: Kaiser, A. & Pech, D. (Hrsg.): Basiswissen Sachunterricht. Die Welt als Ausgangspunkt des Sachunterrichts. Band 6. Baltmannsweiler: Schneider Hohengehren, S. 4-25.

Pech, D., Schomaker, C. & Simon, Toni (2018) (Hrsg.): Sachunterrichtsdidaktik und Inklusion. Baltmannsweiler: Schneider Hohengehren.

Peschel, F. (2012): Das beste Arbeitsblatt … ist das leere Arbeitsblatt. In: Kahler, M. (Hrsg.). Peschel, F. & Pfeiffer, B. (2012): Selbstorganisiertes Lernen als Arbeitsform in der Grundschule. Band 1. Norderstedt: Books on Demand, S. 70-78.

Pichler, H. & Pichler, T. (2007): Vulkangebiete der Erde. München: Elsevier.

Posner, G. J., Strike, K. A., Hewson, P. W. & Gertzog, W. A. (1982): Accommodation of a Scientific Conception. Toward a Theory of Conceptual Change. In: Science Education, 66 (2), S. 211-227.

Preckel, F. & Vock, M. (2013): Hochbegabung. Ein Lehrbuch zu Grundlagen, Diagnostik und Fördermöglichkeiten. Göttingen: Hogrefe.

Prengel, A. (2001): Egalitäre Differenz in der Bildung. In: Lutz, H. & Wenning, N. (Hrsg.): Unterschiedlich verschieden. Differenz in der Erziehungswissenschaft. Opladen: Leske + Budrich, S. 93-107

Prengel, A. (2006): Pädagogik der Vielfalt. Verschiedenheit und Gleichberechtigung in interkultureller, feministischer und integrativer Pädagogik. 3. Auflage. Wiesbaden: VS Verlag.

Prengel (2009): Differenzierung, Individualisierung und Methodenvielfalt im Unterricht. In: Hinz, R. & Walthes, R. (Hrsg.): Heterogenität in der Grundschule. Den pädagogischen Alltag erfolgreich bewältigen. Weinheim: Beltz, S. 168-177.

Prengel, A. (2018): Pädagogik der Vielfalt. Inklusive Strömungen in der Sphäre spätmoderner Bildung. In: Müller, F. J. (Hrsg.): Blick zurück nach vorn - WegbereiterInnen der Inklusion. Band 2. Originalausgabe. Gießen: Psychosozial-Verlag, S. 33-56.

Rank, A., Wildemann, A. & Hartinger, A. (2016): Sachunterricht – der geeignete Ort zur Förderung von Bildungssprache? In: www.widerstreit-sachunterricht.de, Nr. 22.

Ramseger, J. (2010): Was heißt „naturwissenschaftliche Bildung" im Kindesalter? Eine kritisch-konstruktive Sichtung von Naturwissenschaftsangeboten im Elementar- und Primarbereich. Vortrag auf der gemeinsamen MINT-Fachtagung von KMK und JFMK in Rostock am 20.09.2010. https://www.kmk.org/fileadmin/Dateien/pdf/Bildung/AllgBildung/Fachtagung_MINT_2010/009_Vortrag_Prof_Ramseger.pdf (Zugriff zuletzt am 12.12.2023)

Rauterberg (2013): „Naturbildung in der Frühpädagogik": Umgangsweisen mit Natur(en). In: Rauterberg, M. & Schumann, S. (Hrsg.): Umgangsweisen mit Natur(en) in der frühen Bildung. www.widerstreit Sachunterricht.de, Beiheft 9, S. 33-46.

Reinhoffer, B. (2000): Heimatkunde und Sachunterricht im Anfangsunterricht. Entwicklungen, Stellenwert, Tendenzen. Bad Heilbrunn: Klinkhardt Forschung.

Reinmann, G. & Mandl, H. (2006): Unterrichten und Lernumgebungen gestalten. In: Krapp, A. & Weidenmann, B. (Hrsg.): Pädagogische Psychologie. Weinheim / Basel: Beltz, S. 613-658.

Reiß, W. (2000): Zur Produktion und Analyse von Kinderzeichnungen. In: F. Heinzel (Hrsg.), Methoden der Kindheitsforschung. Ein Überblick über Forschungszugänge zur kindlichen Perspektive. Weinheim: Juventa, S. 231–244.

Renzulli, J.S. & Reis, S.M. (2000): The Schoolwide Enrichment Model. In: Heller, K.A., Mönks, F. J., Sternberg, R. J.& Subotnik, R.F. (Hrsg.): International Handbook of Giftedness and Talent. Oxford/NewYork: Pergamon, S. 367–382.

Renzulli, J.S. & Reis, S.M. (2001): Das schulische Enrichment Modell SEM. Begabungsförderung ohne Elitenbildung. Aarau: Sauerländer.

Richter, D. (2009): Sachunterricht – Ziele und Inhalte. Ein Lehr- und Studienbuch zur Didaktik. Hohengehren: Schneider.

Rohen, C. (2017): Interessen als Ausgangspunkt für Sachunterricht im Anfangsunterricht. In: Gesellschaft für Didaktik des Sachunterrichts: Vielperspektivität als fachdidaktisches Leitprinzip des Sachunterrichts. GDSU-Journal (6), S. 95–108.

Rohen, C. (2018): Früher Zugang zu Naturwissenschaften. Bedeutsamkeit früher naturwissenschaftlicher Bildung in der Begabungs- und Interessenförderung. begabt & exzellent. Zeitschrift für Begabtenförderung und Begabungsforschung Nr. 46, 2018/2. S. 17-21. https://www.oezbf.at/wp-content/uploads/2018/10/be-46-web-komplett.pdf (Zugriff zuletzt am 12.12.2023)

Rohen, C. (2020): Klimawandel: Ein globales Phänomen im Sachunterricht. In: Wulfmeyer, M. (Hrsg.): Bildung für nachhaltige Entwicklung im Sachunterricht. Grundlagen und Praxisbeispiele. Baltmannsweiler: Schneider Hohengehren, S. 117-130.

Rohen, C. & Wulfmeyer, M. (2021): (Hoch-)Begabung im inklusiven Sachunterricht. Theoretische Überlegungen und erprobte Unterrichtsvorschläge. Baltmannsweiler: Schneider Hohengehren.

Rohen-Bullerdiek, C. (2010): Haben Regenwürmer Augen? Naturwissenschaftliches Experimentieren in der Grundschule. In: Unterrichtsqualität sichern. Grundschule. 9. Ergänzungslieferung. Stuttgart: Raabe.

Rohen-Bullerdiek, C. (2012): Naturwissenschaftliche Grundbildung im Elementarbereich. Handreichung zur Berufseinstiegsphase (PIK II). Robert-Bosch-Stiftung.
https://www.fruehpaedagogik.uni-bremen.de/handreichungen/B06Naturwissenschaft%28CRB%29.pdf
(Zugriff zuletzt am 12.12.2023)

Rohen-Bullerdiek, C., Dietrich, S., Wulfmeyer, M. (2015): Interdisziplinarität und Umgang mit Heterogenität als zentrale Komponenten der Lehrer/innenausbildung im Sachunterricht. In: Fischer, H.-J., Giest, H., Michalik, K. (Hrsg.): Bildung im und durch Sachunterricht. Klinkhardt: Heilbrunn, S. S. 239-245.

Roth, G. (2006): Warum sind Lehren und Lernen so schwierig? In: Herrmann, U. (Hrsg.): Neurodidaktik. Grundlagen und Vorschläge für gehirngerechtes Lehren und Lernen. Weinheim/Basel: Beltz, S. 49-59.

Roux, S. (2008): Bildung im Elementarbereich – Zur gegenwärtigen Lage der Frühpädagogik in Deutschland. In: Hellmich, F. & Köster, H. (2008): Vorschulische Bildungsprozesse in Mathematik und Naturwissenschaften. Bad Heilbrunn: Klinkhardt, S. 13-25.

Rüegg, J.C. (2007): Gehirn, Psyche und Körper. Neurobiologie von Psychosomatik und Psychotherapie. Stuttgart: Schattauer.

Schäfer, G. E. (Hrsg.) (2007): Bildung beginnt mit der Geburt. Ein offener Bildungsplan für Kindertageseinrichtungen in Nordrhein-Westfalen, 2. Auflage, Berlin: Cornelsen.

Schäfer, G. E. (2017). Um welche Naturwissenschaft geht es? In Favre, P. &

Mathis, C. (Hrsg.): Naturphänomene verstehen. Zugänge aus unterschiedlichen Perspektiven in der Vorschul- und Primarstufe (S. 29-37). Baltmannsweiler: Schneider Hohengehren.

Schiefele, H., Prenzel, M., Krapp, A., Heiland, A. & Kasten, H. (1983): Zur Konzeption einer pädagogischen Theorie des Interesses. München.

Schiefele, H. (2000): Befunde – Fortschritte – neue Fragen. In: Schiefele, U.; Wild, K.-P. (Hrsg.): Interesse und Lernmotivation. Untersuchungen zu Entwicklung, Förderung und Wirkung. Münster: Waxmann, S. 227-241.

Schmidt-Rohr, K. (2015): Why Combustions Are Always Exothermic, Yielding About 418 kJ per Mole of O_2. J. Chem. Educ. 2015, 92, S. 2094−2099.
DOI: 10.1021/acs.jchemed.5b00333

Scholz (2004): Offen, aber nicht beliebig. Materialien für den Sachunterricht. Widerstreit Sachunterricht, Nr. 2, S. 1-13.

Schreiber-Wicke, E. & Holland, C. (2016): Als die Raben noch bunt waren. Stuttgart: Thienemann-Esslinger.

Schuhmann, W. (1988): Ein Arbeitsblatt für jede Stunde? Ergebnisse einer Untersuchung. In: unterrichten/erziehen, Heft 5, S. 60-61.

Schüßler, I. & Bauerdick, J. (1997): Umweltwahrnehmung und Umweltverhalten aus konstruktivistischer perspektive. In: Michelsen, G. (Hrsg.): Umweltberatung. Bonn: Economia, S. 43–52.

Schwier, H.-J. (2008): Realien. In: Kaiser, A. (Hrsg.): Lexikon Sachunterricht. Baltmannsweiler: Schneider Hohengehren, S. 168.

Seitz, S. (2005): Zeit für inklusiven Sachunterricht. Basiswissen Grundschule. Band 18. Baltmannsweiler: Schneider Hohengehren.

Seitz, S. (2013): Kommunikativer Sachunterricht in inklusiven Grundschulen: Kinder machen gemeinsame Sache. In: Becher, A., Miller, S., Oldenburg, I., Pech, D. & Schomacker, C. (Hrsg.): Kommunikativer Sachunterricht. Facetten der Entwicklung. Baltmannsweiler: Schneider Hohengehren, S. 205-212.

Semmer, N. K. & Zapf, D. (2018): Theorien der Stressentstehung und -bewältigung. In: Fuchs, R. & Gerber, M. (Hrsg.): Handbuch Stressregulation und Sport. Berlin: Springer VS, S. 23-50.

Siebert, H. (1996): Bildungsarbeit konstruktivistisch betrachtet. Frankfurt a.M.: VAS.

Simon, T. (2013): Gesundheitsförderung in der Schule und im Sachunterricht als Beitrag zur schulischen Inklusion. In: www.widerstreit-sachunterricht.de/Ausgabe Nr. 19/Oktober 2013.

Simon, J. & Simon, T. (2019): Warum scheint der Mond auch manchmal am Tag? Zum Umgang mit Kinderfragen und Kinderperspektiven im (Sach-) Unterricht. In: Rumpf, D. & Winter, S. (Hrsg.): Kinderperspektiven im Unterricht. Zur Ambivalenz der Anschaulichkeit. Wiesbaden: Springer VS, S. 191-202.

Sodian, B. (2008a): Entwicklung des Denkens. In: Oerter, R. & Montada, L. (Hrsg.): Entwicklungspsychologie. Weinheim: Beltz, S. 436-479.

Sodian, B., Bullock, M. & Koerber, S. (2008b): Wissenschaftliches Denken und Argumentieren. Was muss Hänschen lernen, damit aus Hans etwas wird? In: Schreiber, W. (Hrsg.): Entwicklung von der Kindheit bis zum Erwachsenenalter. Befunde der Münchener Längsschnittstudie LOGIK. Weinheim: Beltz PVU, S. 67-84.

Soostmeyer, M. (2008a): Handlungsorientierter Unterricht. In: Kaiser, A. (Hrsg.): Lexikon Sachunterricht. Baltmannsweiler: Schneider Hohengehren, S. 82.

Soostmeyer, M. (2008b): Handlung. In: Kaiser, A. (Hrsg.): Lexikon Sachunterricht. Baltmannsweiler: Schneider Hohengehren, S. 81.

Spitta, P. (2011): „Wie kann man ohne Arbeitsblätter differenzieren?" – Zum Stellenwert von Inklusion in der Lehrer/innenausbildung. In: Giest, H., Kaiser, A. & Schomaker, C (Hrsg.): Sachunterricht – auf dem Weg zur Inklusion. Bad Heilbrunn: Klinkhardt, S. 123-131.

Spranger, E. (1949): Der Bildungswert der Heimatkunde. 2. Auflage. Stuttgart: Reclam.

Spreckelsen, K. (1971): Naturwissenschaftlicher Unterricht in der Grundschule. Lehrgang physikalisch-chemischer Lernbereich. Frankfurt/M.

Spreckelsen, K. (2004): SCIS – Science Curriculum Improvement Study (ca. 1965-1975). In: Kaiser, A. & Pech, D. (Hrsg.): Geschichte und Konzeptionen des Sachunterrichts. Band 1. Baltmannsweiler: Schneider Hohengehren, S. 170-174.

Stern, E. (2003a): Kompetenzerwerb in anspruchsvollen Inhaltsgebieten bei Grundschulkindern. In: Cech, D. & Schwier, H.-J. (Hrsg.): Lernwege und Aneignungsformen im Sachunterricht. Bad Heilbrunn: Klinkhardt, S. 37-58.

Stern, E. (2003b): Beeindruckt, aber nichts verstanden? In: Welt des Kindes 5, S. 22-24.

Stern, E. (2006): Wie viel Hirn braucht die Schule? Chancen und Grenzen einer neuropsychologischen Lehr-Lern-Forschung. In: Herrmann, U. (Hrsg.): Neurodidaktik. Grundlagen und Vorschläge für gehirngerechtes Lehren und Lernen. Weinheim/Basel: Beltz, S. 79-86.

Stiftung Lesen. Institut für Lese- und Medienforschung (2015): Vorlesen – Investition in Mitgefühl und solidarisches Handeln. https://www.stiftunglesen.de/fileadmin/Bilder/Forschung/Vorlesestudie/Vorlesestudie_2015.pdf
(Zugriff zuletzt am 12.12.2023)

Tenberge, C. (2003): Zur Förderung der Persönlichkeitsentwicklung in handlungsorientierten Lernformen im naturwissenschaftlich-technischen Sachunterricht. In: Cech, D. & Schwier, H.-J. (Hrsg.): Lernwege und Aneignungsformen im Sachunterricht. Bad Heilbrunn: Klinkhardt, S. 109-122.

Thomas, B. (2009): Der Sachunterricht und seine Konzeption. Historische und aktuelle Entwicklungen. Bad Heilbrunn: Klinkhardt.

Thomas, B. (2011): Sachunterricht – gesellschaftlich-politisches Lernen. In: Erziehung & Unterricht 161, S. 662-669.

Trautmann, M. & Wischer, B. (2011): Heterogenität in der Schule. Eine kritische Einführung. Wiesbaden: VS Verlag für Sozialwissenschaften.

Velten, K. (2020): HandlungsSpielRäume. Selbstwirksamkeit von Kindern im Übergang von der Kindertageseinrichtung in die Grundschule. Empirische Forschung im Elementar- und Primarbereich. Band 7. Bad Heilbrunn: Klinkhardt.

Vock, M., Preckel, F. & Holling, H. (2007): Förderung Hochbegabter in der Schule. Evaluationsbefunde und Wirksamkeit von Maßnahmen. Göttingen: Hogrefe.

Von Dawans, B. & Heinrichs, M. (2018): Physiologische Stressreaktionen: In: Fuchs, R. & Gerber, M. (Hrsg.): Handbuch Stressregulation und Sport. Berlin: Springer VS, S. 67-78.

Von Reeken, D. (2007): Methoden im Sachunterricht. In: Von Reeken, D. (Hrsg.): Handbuch Methoden im Sachunterricht. Schorndorf: Schneider Hohengehren, S. 3-11.

Von Reeken, D. (2015): Historische Aspekte. In: Kahlert, J., Fölling-Albers, M., Götz, M., Hartinger, A., Miller, S. & Wittkowske, S. (Hrsg.): Handbuch Didaktik des Sachunterrichts. 2. Auflage. Bad Heilbrunn: Julius Klinkhardt, S. 163-168.

Wagenschein, M. (1997): Kinder auf dem Wege zur Physik. Weinheim: Beltz.

Walgenbach, K. (2021): Erziehungswissenschaftliche Perspektiven auf Vielfalt, Heterogenität, Diversity/Diversität, Intersektionalität. In: Hedderich, I., Reppin, J. & Butschi, C. (Hrsg.): Perspektiven auf Vielfalt in der frühen Kindheit. Mit Kindern Diversität erforschen. Bad Heilbrunn: Klinkhardt, S. 41-59.

Waitukaitis, S. R. & Jaeger, H. M. (2012): Impact-activated solidification of dense suspensions via dynamic jamming fronts. Nature Letters, Vol. 487, S. 205-209.

Wehner, R. & Gehring, W. (2007): Zoologie. Stuttgart: Thieme.

Weinert, F. E. (2002): Schulleistungen – Leistungen der Schule oder der Schüler? In: Weinert, F. E. (Hrsg.): Leistungsmessungen in Schulen. 2. Auflage. Weinheim: Beltz, S. 73-86.

Wenning, N. (2007): Heterogenität als Dilemma für Bildungseinrichtungen. In: Boller, S., Rosowski, E. & Stroot, T. (Hrsg.): Heterogenität in Schule und Unterricht. Handlungsansätze zum pädagogischen Umgang mit Vielfalt. Weinheim/Basel: Beltz, S. 21-31.

Wellenhofer, W. (1991): Grundlagen einer modernen Arbeitsblatt-Praxis: Ziele, Konzeptionen, Möglichkeiten, Grenzen. München: Pims.

Windt, A. (2010): Naturwissenschaftliches Experimentieren im Elementarbereich – Evaluation verschiedener Lernsituationen. Berlin: Logos.

Wulfmeyer, M. (2004): Entfaltung der Menschlichkeit. Johann Heinrich Pestalozzis (1746-1827) Einflüsse auf den Sachunterricht. In: Kaiser, A. & Pech, D. (Hrsg.): Geschichte und Konzeptionen des Sachunterrichts. Band 1. Baltmannsweiler: Schneider Hohengehren, S. 65-68.

Wulfmeyer, M. (2018): „Krieg ist wie Gewalt – Frieden ist innen und außen". In: Wulfmeyer, M. & Baar, R. (Hrsg.): Krieg und Frieden. Die Grundschulzeitschrift. Nr. 311, S. 6-9.

Wulfmeyer, M. (2020): 17 Ziele für unsere Zukunft. Mit Kindern die Welt in den Blick nehmen. In: Wulfmeyer, M. (Hrsg.): Bildung für nachhaltige Entwicklung im Sachunterricht. Grundlagen und Praxisbeispiele. Baltmannsweiler: Schneider Hohengehren, S. 35-47

Wulfmeyer, M. (2022): "Krieg ist wie Gewalt". Wie in der Grundschule umgehen mit dem Thema Krieg? In: Grundschule Sachunterricht, Nr. 94, Friedrich Verlag Velber, S. 1.

Wulfmeyer, M., Rohen-Bullerdiek, C. & Mahnken, T. (2011): Heterogenität im Kontext des Sachunterrichts. In: Giest, H., Kaiser, A. & Schomaker, C. (Hrsg.): Sachunterricht auf dem Weg zur Inklusion. Bad Heilbrunn: Klinkhardt, S. 57-65.

Zehnpfennig, H. & Zehnpfennig, H. (1995): Das Arbeitsblatt: Für und Wider. In: Grundschulunterricht. Heft 1/95 Beiheft. Berlin (Pädagogischer Zeitschriftenverlag), S. 10-11.

Ziechmann, J. (2008): Lernmotivation. In: Kaiser, A. (Hrsg.): Lexikon Sachunterricht. Baltmannsweiler: Schneider Hohengehren, S. 127.